続
藪岩魂
いつまでも
ハイグレード・
ハイキング
JN081529
打田鍈一
山と溪谷社

柏木山

2

1

1 滝のような、崩れる波のような、シダがみごとな「シダの道」 **2** 百年ナラ尾根には、ナラの古木が数本 **3** 心温まるアートには「柏木山愛」が

3

黒滝山 九十九谷

鎖の手すりが不安な馬の背岩稜。左の鎖は使えないよね

大展望と地底探検を同
時に楽しめる立処山。
鍾乳洞はヘッデン必携

大東岳

1

祝瓶山

2

四ッ又山・鹿岳

3

1 ナメをヒタヒタ歩きたい。登頂はオマケだった　**2** 一の塔を過ぎると山頂が黒々と不気味な姿を現わした　**3** アプローチの車道から見上げる鹿岳が怪異だ

三陸南部の山旅

1

2

3

1 津波被災のメモリアル施設が建設中だった　**2** 賽の河原から五葉山を見上げる。メジャーな山もたまによい　**3** 石上山頂はガスの中だった

横畑

藪岩の懸垂下降は久しぶり。植林間近なのに未開度の高い山稜だ

金岳

P4を往復しP3へ。不明瞭な岩稜に不安定なザレ岩場が続く

星穴探勝路

険悪な岩稜にぽっかり
開く岩穴は、異界の霊
気に満ちていた

1

飯士山

1 駐車場から見る飯士山。中央は西峰、左に本峰、右端に負欠岩　2 負欠岩は左をロープで登る

鷹ノ巣岩北稜

1

1 北西壁を押し立てる、孤高の碧岩　2 碧岩より見下ろす鷹ノ巣岩北稜。P2、P3が顕著だ

2

2

摩耶山

2

1

1 谷底から突き立つ2本の怪峰は摩耶山の象徴
2 越沢コースの弁財天滝はやや緊張する

飯士山

緊張の雪稜からゲレンデに下りると、大展望を眺める余裕ができた

沖武尊、剣ヶ峰山を左
右に従え、獅子ヶ鼻山
は白く突き立っていた

獅子ヶ鼻山

1

ツボ足の中越

1 金倉山展望台からは越後三山（右から、八海山、中ノ岳、越後駒ヶ岳）が堂々と　**2** 山古志は棚田が美しい山上集落だ　**3** 当間山から戻った登山口は、光あふれる静寂の世界だった

2

3

粟島

2

3

1

4

1 八幡鼻へは豪快な風景だが木段はけっこうキツい　**2** 日本海の落日は釜谷ならでは　**3** 矢ヶ鼻からのダウンヒルは爽快! スピードには注意だ　**4** わっぱ煮をメインにした釜谷の朝食は海辺で

1

飛島

1 巨木の森を抜けていく　2 昼は喫茶店、夜はバーの「ケルン」　3 伝説のバーテンダーに会えるかな？　4 白い海食台に現われる巨岩は怪獣を思わせた　5 飛島への基地・酒田には歴史を想わす遺構が健在。山居倉庫にて

4

2

3

5

2

佐渡島

1

3

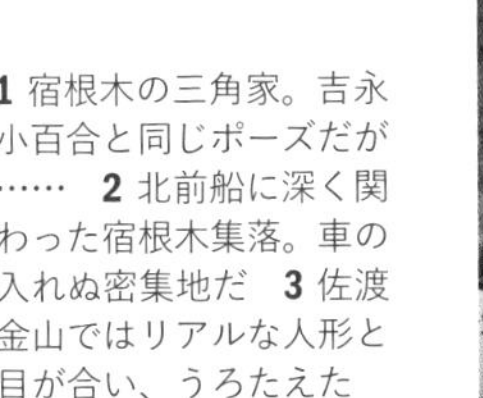

1 宿根木の三角家。吉永小百合と同じポーズだが……　**2** 北前船に深く関わった宿根木集落。車の入れぬ密集地だ　**3** 佐渡金山ではリアルな人形と目が合い、うろたえた

1

2

佐渡島

1 残雪の急斜面を金剛山へ。背後には日本海　**2** カタクリの乱舞も佐渡の魅力　**3** 尻立山からは金北山が堂々とそびえていた　**4** 花いっぱいのアオネバ渓谷は小流を渡りつつ高まる

3

4

いつものハイグレスタイル。自宅から車で10分ほどの飯能・吾妻峡にて

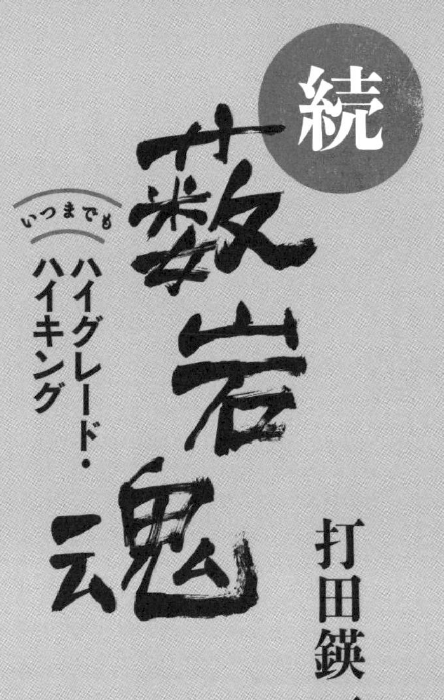

続 藪岩魂

いつまでもハイグレード・ハイキング

打田鍈一

山と溪谷社

目次

寂名山を求めて

　私の山登りは道迷いから始まった。秩父・熊倉（くまくら）山では、沢沿い道が尾根へ移るところを直進し、滝場で遭難しかけた。雁（がん）ヶ腹摺（はらすり）山では、林道終点付近からの山道を見つけられず、他ルートから3度目で登頂できた。雪の茅（かや）ヶ岳では雪に埋もれた登山道がわからず、雪薮斜面をガムシャラに登って登山道に出た。登り始めのこうした失敗は、道に迷っても戸惑わないことの布石となったようだ。

　またあるとき、山へ向かう列車の中。いつも持ち歩いていながら、見える山名を調べるくらいにしか使ってない地形図を車中で広げる。入ったトンネルを出たとき、どんな風景が広がっているのだろう……と地形図で推測したらドンピシャリ！　思いどおりの風景に背筋が震えた。地図開眼の瞬間なのだった。

　道迷いと地図開眼が、山の好みに影響したのだろうか。足先は人けのまれな山へと向いていく。沢登りで体得した道なき山の歩き方やロープワークは、そうした志向を強く後押しした。とはいえ、休日もお金も乏しい、中小企業のサラリーマン。日帰りで好奇心、探求心、冒険心を満たすことのできるミニ岩峰の宝庫・西上州（にしじょうしゅう）は、そんな私にうってつけの山域だった。

気に入った山々の魅力を『ハイグレード・ハイキング』（共著／1995年）、『藪岩魂 ハイグレード・ハイキングの世界』（2013年・いずれも山と溪谷社）などで紹介した。

しかし、歳相応に体力は衰える。ハードな山は敬遠したく、人混みはゴメンだ。労力少々ながら緊張感、達成感はほどほどに。展望広大で季節感豊か、穏やかな山里風景と山麓の味。そんな要件を満たす山を、「寂名山（じゃくめいざん）」と呼ぶことにした。

体力的にグレードダウンはするけれど、寂名山を求めて、いつまでも「ハイグレード・ハイキング」の心は変わらない。

図中記号例

START	入山地
GOAL	下山地
o——o	紹介ルート
--------	かつて登ったルート
--------	そのほかの道
0:23 ▸	参考コースタイム
✚	道標など
△	三角点
⌂	山小屋・避難小屋
水	水場(涸れている時期もある)
P	駐車場、駐車スペース
WC	トイレ
♀	バス停

●本書に掲載された記録は著者が歩いた際のものです。自然災害などでアプローチの林道、登山道が閉鎖されることがあります。
●「初級」「中級」「上級」のグレードは著者の歩行時の状況を基に分けています。
●「中級」の一部、「上級」「雪山」はバリエーションルートです。岩場の通過、場面に応じたロープワーク、雪山歩行、読図やルートファインディングなどの技術、現場での状況判断が必要になります。初心者だけの行動は避け、経験者と同行してください。
●コースタイムは著者が歩いた際のものです。体力や経験によって変わります。
●地図中の山・沢・川名は国土地理院発行の地形図に必ずしも合わせていません。現地での呼称を採用しているものもあります。
●各データは2020年8月現在のものです。

初級・中級

「人の行く裏に道あり花の山」。
株を少しかじると知る格言だ。
株は買うと下がり売ると上がりで
まったく儲からないが、
そのまま山に当てはめると、
結構アタリは多い。
まずは注目度は低いが充実度の高い山へ。

飯能三山（多峯主山・龍崖山・柏木山）

［埼玉県］

季節感豊かな雑木林と展望広がる駅チカ三山

奥武蔵の玄関口・飯能の町はずれに住んで約30年。東京の中野で育ち、時に応じて住居を変えたが、飯能が最も長い。中野のころは東京起点の山に数多く向かったが、次第に山の好みは絞られてくる。飯能を選んだのは、西上州や越後方面へのアクセスがよく、都内通勤の始発駅だったことだ。山はともかく、始発なら確実に座れ、読書・居眠りなど通勤時間を有効活用できる。

飯能駅を起点とする奥武蔵の山々は中野時代から歩いていたが、植林が多く魅力に乏しい。飯能人となってからも、車で日帰り容易なミニ岩峰の宝庫・西上州や、山麓の宿に泊まり2日で2山を登る越後の低山歩きなどにいそしんだ。

そんな私が地元・飯能の山に数年前からハマった。植林だらけのなかに、季節感豊かな雑木林が意外に多いことに気付いたからだ。間近に超短時間で展望と独占欲をくすぐる寂名山があるのはうれしい。いずれも地元ボランティアの手で愛着豊かに整備され、「飯能三山」と呼ばれている。以下は、2020年7月の現状だ。

多峯主山

天覧山〜多峯主山のハイキングコースは古くから有名だが、コースの多くは植林の中。けれど多峯主山南面には、深山ムードあふれる静寂境が潜んでいた。多峯主山にはマニアといえる登山者が多い。妻と二人、天覧山と多峯主山の間に流れる天覧入を登ったときのこと。明瞭な踏み跡はいつしか藪に消え、急斜面をかき登る。藪から這い出た縦走路で、そんなマニアのお一人と出会った。

ハイカーでにぎわう多峯主山頂を後に、その方の案内で雨乞池の下から沢へ下りる。かすかな踏み跡は倒木やツタ藪をくぐりまたぎ、足元不安定な湿地を下ったが、多峯主山にこんなところが、とうれしくなった。けれどそれだけではない。沢が開けた二俣から登る中間尾根は、蕨尾根と呼ばれる静かな尾根道とのこと。登ってみて驚いた。尾根上には数本のヤマザクラが、いずれも根本から数株に分かれて立ち並ぶ。ぐるりの山々は新緑にヤマザクラやツツジが点在し、深山にいる気分だ。素朴なベンチやテーブルが置かれる静寂境で、少し登ると常盤平へ向かう本郷尾根に合流した。

両コースとも今はさらに整備され、格段に歩きやすくなった。しかし道標のないことが、静寂を保っている大きな理由といえよう。

龍崖山

初めて龍崖山に登ったのは、１９９２年6月で46歳のとき。直後の『山と溪谷』8月号にそのガイドを書いた。しかし変化は激しく、今、往時を偲ぶのは不可能だ。入間川右岸の龍崖山は、飯能大河原工業団地の造成でその西面を大きく削られ、かつての尾根や峠道などは壊滅した。久々の２０１３年に訪れると造成は終了し、ほぼ今と同様に整備された登山道が出現。工業団地側には龍崖山公園ができていた。

山頂へは北の八耳堂からの尾根道と金蔵寺からの沢道、そして南は龍崖山公園から小ピークを2つ連ねた尾根道が突き上げる。山頂は戦国時代の山城跡だけあって、武甲山など秩父方面や、飯能市街地から広がる関東平野の展望がみごとだ。

バス停からの道は吾妻峡で峡谷ムードを味わえ、山頂へは一息。北面は植林だが季節にはツツジが彩りを添える。照葉樹の多い龍崖山公園への道では南に展望が開け、奥多摩や富士山を眺められるが、足元の工場群は山中の秘密基地めいてドッキリだ。子連れなら大滑り台が人気の龍崖山公園で遊び、バスで飯能駅へ出るもよし。あさひ山展望公園から飯能河原へ下るのもよいだろう。ちなみに、龍崖山公園に駐車し、山頂から八耳堂へ下り金蔵寺から登り返して公園へ、というのが私のトレーニングコース。好みに応じて多様な登り方ができるのも、龍崖山の魅力だ。

柏木山

実は最近人気急上昇の山だ。道標ができたり消えたり、新コースが増えたりと、行くたびの変化にも目を瞠(みは)る。飯能市では、龍崖山や天覧山～多峯主山のメインコースをはじめ、いくつかのハイキングコースを整備している。しかし柏木山は市有地なのに仲間はずれで、登山道整備はボランティア頼みだ。飯能三山の最高峰で、南に展望が開ける山頂からは、筑波(つくば)山から都心のビル群、房総半島をも望め、丹沢(たんざわ)、富士山、奥多摩の山々と、大展望に時を忘れる。多峯主山より展望範囲は狭いのだが、足元が開けているので、スケール感はより大きい。

「あかね尾根道コース」は飯能市が整備しているが、それを挟む百年(ひゃくねん)ナラ尾根とジャンダルム尾根はボランティアが整備。飯能市はそれを黙認しているのが現状のようだ。百年ナラ尾根はその名のとおり、ナラの大木が数本続く自然林。ジャンダルム尾根は小ピークが起伏する露岩交じりのヤセ尾根だ。いずれも途中での展望を楽しめ、急な登降も味わえる。沢沿いに木段を登るホタル谷コースから柏木山へは、ゴルフ場のフェンス沿いに、西へ3つのピークを越えれば頂上だ。柏木山は三山で最も雑木林が多く、季節感豊か。そのせいかカモシカが生息し、カモシカ新道・神社・広場と、カモシカを冠した地名が多い。カモシカの木工細工がそこここに見られ、山頂にはいくつかのベンチとテーブルが。付近には木工好きボランティアの作品が心なごませる。

飯能三山の全山頂から望めるのは、山でなくスカイツリーや東京のビル群

南へカモシカ新道を下り赤根峠(あかねが)へ登り返す。明るい谷道は、春には豊かな新緑の階調にサクラやツツジの暖色が映えて、こんな身近にかくも美しい風景が……と感動だ。赤根峠は説明板の奥に峠道の痕跡があるものの、その先は崖で下は工場群。北へ雑木林の尾根をたどれば往路に合わさり、四辻(よつじ)から登りと別コースを下れば、8の字形の周回縦走は完了する。柏木山はコースが多いのもうれしい。富士見の丘から分かれるシダの道は旧作業道だが、法面(のりめん)に繁茂するシダの群生は圧巻だ。カモシカ神社は大木の空洞や大岩を抱く巨木などがおもしろい。カモシカ新道4丁目からカモシカ広場へ直降するダイレクト尾根、4丁目から西へ作業道からのロープ急登ルート、5丁目から作業道経由の楽な道、などなど。

しかし2020年春のコロナ禍では、遠出を控えた登山者や近隣の人で大にぎわい。登山口駐車場は一時閉鎖されたが、解除された今、これまで山と無縁だったと思しき方々を多く見かける。柏木山は時に応じた変化の大きい山なのだ。

飯能三山
（多峯主山・龍崖山・柏木山）

登山適期 通年

参考コースタイム

［多峯主山］計2時間10分
飯能西中学校バス停（20分）分岐（沢コース25分）多峯主山（蕨尾根45分）飯能西中学校バス停（飯能河原経由40分）飯能駅

［龍崖山］計2時間45分
永田大杉バス停（15分）八耳堂（25分）龍崖山（40分）公園登山口（15分）ユーエイキャスター前バス停（あさひ山展望公園経由1時間10分）飯能駅

［柏木山］計2時間55分
永田大杉バス停（20分）あかね尾根道コース入口（百年ナラ尾根経由30分）四辻（30分）柏木山（苅生分岐経由30分）赤根峠（20分）四辻（ジャンダルム尾根経由25分）あかね尾根道コース入口（20分）永田大杉バス停

アドバイス

多峯主山の本コースは公開したら怒る人がいるかもしれない。でもベンチやテーブルを作った方は常連以外の訪れを期待しているだろう。山での行動食はコンビニより、街なかに点在する飯能ならではの地元の味を楽しみたい。帰路には、奥むさし旅館で入浴できる。

アクセス

［多峯主山］
往路：西武池袋線飯能駅（国際興業バス10分）飯能西中学校

［龍崖山］
往路：西武池袋線飯能駅（国際興業バス15分）永田大杉
復路：ユーエイキャスター前（西武バス15分）飯能駅南口

［柏木山］
往復：西武池袋線飯能駅（国際興業バス15分）永田大杉

マイカー

・圏央道狭山日高ICから約15分で飯能駅。周辺に有料駐車場多数。
・龍崖山は八耳堂前に有料の、龍崖山公園と公園下に無料駐車場(各約10台)。
・柏木山は「あかね尾根道コース入口」に無料駐車場（約10台）。

問合せ先

飯能市観光・エコツーリズム推進課
TEL042-973-2124（柏木山は山麓情報のみ）
国際興業バス飯能営業所
TEL042-973-1161
西武バス飯能営業所
TEL042-972-4123

柏木山はボランティアの道標がいっぱい

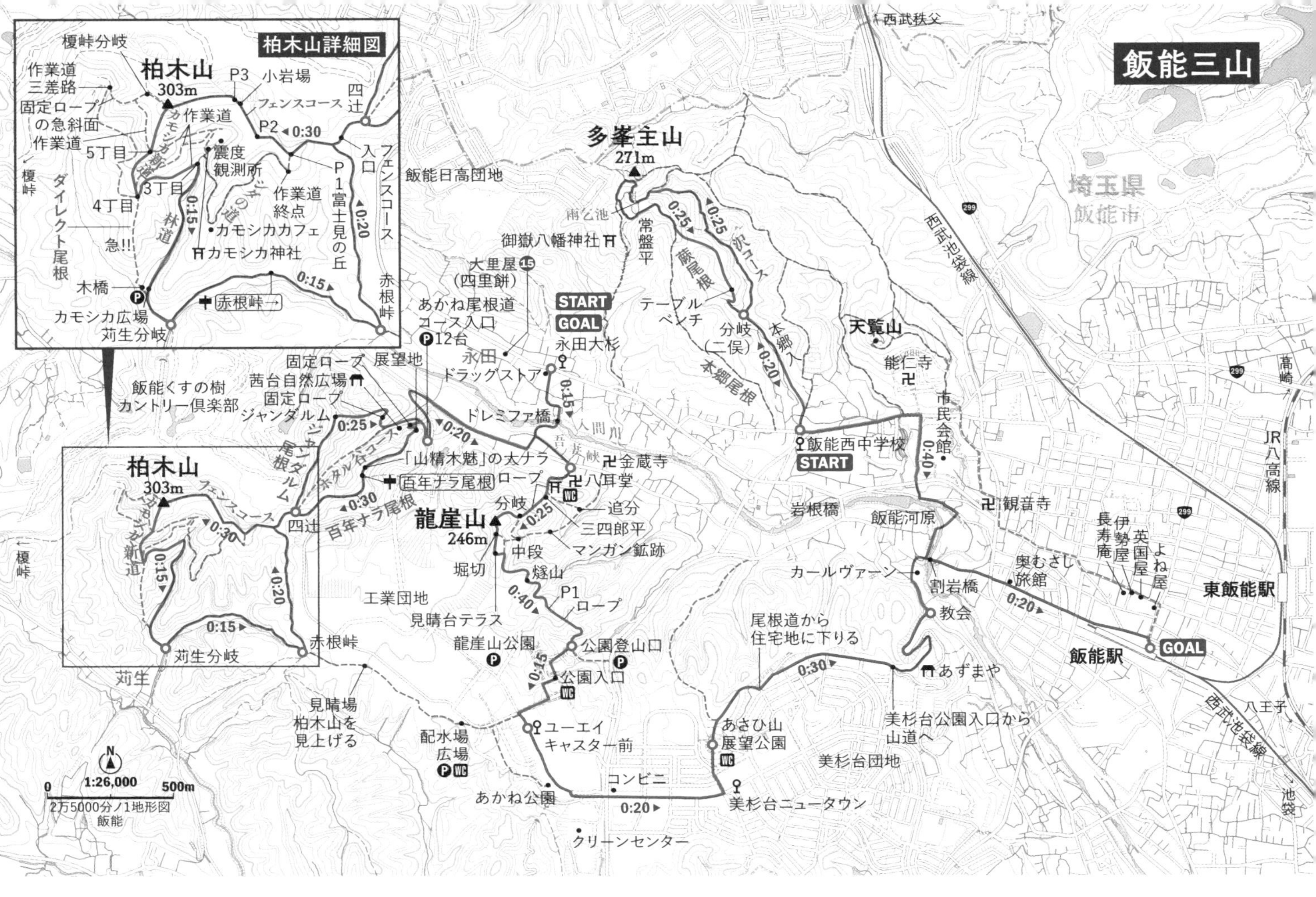

飯能三山
柏木山詳細図
榎峠分岐
柏木山
303m
P3
小岩場
フェンスコース
四辻
作業道
三差路
固定ロープ
の急斜面
作業道
5丁目
3丁目
4丁目
榎峠
ダイレクト尾根
急!!
作業道
震度
観測所
P2
0:30
入口
P1
富士見の丘
フェンスコース
作業道
終点
カモシカカフェ
カモシカ神社
林道
0:15
0:20
0:15
木橋
カモシカ広場
苅生分岐
赤根峠→
赤根峠
飯能日高団地
多峯主山
271m
雨乞池
常盤平
0:25
0:25
沢コース
蕨尾根
テーブル
ベンチ
分岐
（二俣）
本郷入
0:20
本郷尾根
御嶽八幡神社
大里屋
（四里餅）
あかね尾根道
コース入口
12台
START
GOAL
永田大杉
永田
ドラッグストア
0:15
入間川
吾妻峡
固定ロープ
展望地
茜台自然広場
固定ロープ
飯能くすの樹
カントリー倶楽部
ジャンダルム
0:25
0:20
ドレミファ橋
「山精木魅」の太ナラ
ロープ
百年ナラ尾根
0:30
百年ナラ尾根
ホタル谷コース
ジャンダルム尾根
柏木山
303m
フェンスコース
0:30
カモシカ新道
0:15
0:20
0:15
四辻
苅生分岐
赤根峠
苅生
榎峠
金蔵寺
八耳堂
分岐
0:25
追分
三四郎平
マンガン鉱跡
龍崖山
246m
中段
堀切
烽山
0:40
P1
ロープ
工業団地
見晴台テラス
龍崖山公園
公園登山口
0:15
公園入口
ユーエイ
キャスター前
配水場
広場
見晴場
柏木山を
見上げる
コンビニ
あかね公園
0:20
クリーンセンター
天覧山
能仁寺
飯能西中学校
START
市民会館
0:40
岩根橋
飯能河原
観音寺
カールヴァーン
割岩橋
教会
奥むさし
旅館
長寿庵
伊勢屋
英国屋
よね屋
0:20
東飯能駅
飯能駅
GOAL
尾根道から
住宅地に下りる
0:30
あずまや
美杉台公園入口から
山道へ
あさひ山
展望公園
美杉台団地
美杉台ニュータウン
埼玉県
飯能市
西武池袋線
西武秩父
299
JR八高線
高崎
八王子
西武池袋線
池袋
1:26,000
0
500m
2万5000分ノ1地形図
飯能

飯能グルメマップ

飯能人・打田鉄一が案内する
間違いのないお店

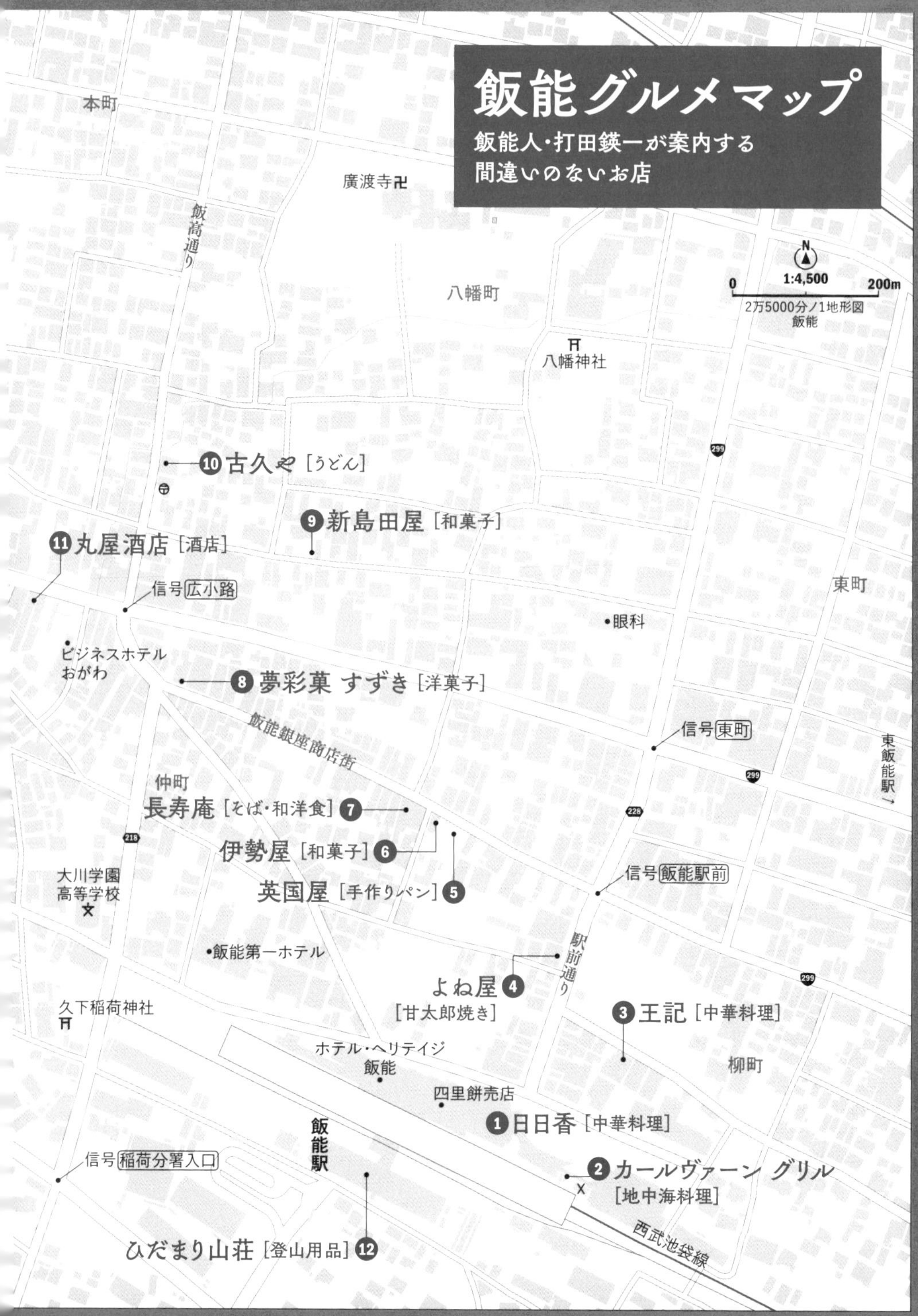

本町
廣渡寺卍
飯高通り
八幡町
八幡神社
1:4,500
0 200m
2万5000分ノ1地形図
飯能

❿古久や［うどん］
❾新島田屋［和菓子］
⓫丸屋酒店［酒店］
信号 広小路
眼科
東町
ビジネスホテル
おがわ
❽夢彩菓 すずき［洋菓子］
飯能銀座商店街
信号 東町
東飯能駅→
仲町
長寿庵［そば・和洋食］❼
伊勢屋［和菓子］❻
英国屋［手作りパン］❺
信号 飯能駅前
大川学園
高等学校
飯能第一ホテル
駅前通り
よね屋❹
［甘太郎焼き］
❸王記［中華料理］
久下稲荷神社
ホテル・ヘリテイジ
飯能
柳町
四里餅売店
❶日日香［中華料理］
飯能駅
信号 稲荷分署入口
❷カールヴァーン グリル
［地中海料理］
西武池袋線
ひだまり山荘［登山用品］⓬

↑天覧山

⛩諏訪八幡神社

青梅飯能線

卍観音寺

⛩諏訪河原水天宮

28

久下

飯能河原は飯能の代表的な観光地

高麗横丁

信号 飯能河原

飯能河原

入間川

埼玉県
飯能市

信号 仲町

割岩橋
（人専用）

•飯能市立こども図書館

南裏通り

割岩通り

⑬カールヴァーン
［地中海料理］

信号 こども図書館入口

⑭奥むさし旅館
［日帰り入浴］

三座宮稲荷神社⛩

材木通り

飯能にも
おしゃれな
お店が登場！

•飯能中央病院

稲荷町

飯能は東京と秩父の中間にある街。秩父方面の電車、名栗方面のバス起点で、多くの登山者が山々へと向かう。慌ただしく乗り換えるだけでなく、飯能ならではの味を楽しみたい。

❶ 日日香 [中華料理]

ランチバイキングのほか単品メニューも豊富。駅に直結。

▶ 埼玉県飯能市仲町11-21
西武飯能ペペ3F
▶ TEL042-971-6317

飲み放題付きコースもあり

❷ カールヴァーン グリル [地中海料理]

カールヴァーンの駅前店。ピザやクラフトビールなど。

▶ 埼玉県飯能市仲町11-21
▶ TEL042-978-7907

バス停直近で気軽に入れる

❸ 王記 [中華料理]

飲み放題付き3000円コースがお得。単品、定食もコスパに優れる。

▶ 埼玉県飯能市柳町23-18
▶ TEL042-978-8705

山帰りのグループでにぎわう店

❹ よね屋 [甘太郎焼き]

今川焼きと同様。黒あん、白あん、クリームがあり、品物も店員も飯能名物。

▶ 埼玉県飯能市仲町9-3
▶ TEL042-972-4223

うっかり通り過ぎる小さな店

❺ 英国屋 [手作りパン]

菓子パン、サンドイッチなど。コンビニより、断然うまい。

▶ 埼玉県飯能市仲町8-15
▶ TEL042-973-7864

小さな店内に香ばしさギッシリ

❻ 伊勢屋 [和菓子]

だんご、のり巻き、おにぎり、弁当など。ジモティに人気の店。店内でも食べられる。

▶ 埼玉県飯能市仲町8-14
▶ TEL042-972-2962

お好みでの詰め合わせもOK

❼ 長寿庵 [そば・和洋食]

そば屋だがオムライスや定食もあり、どれも懐かしくほっとする味。

▶ 埼玉県飯能市仲町7-28
▶ TEL042-972-3596

満腹志向ならセットメニューも

❽ 夢彩菓 すずき [洋菓子]

アニメ『ヤマノススメ』でヒロインがバイトをしていたという店、ファンの聖地。

▶ 埼玉県飯能市仲町6-11
▶ TEL042-972-2071

バラ売りの「洋焼菓子」は種類豊富

❾ 新島田屋 [和菓子]

味噌付けまんじゅう。古くから地元で大人気。タレでウェアを汚さぬように。

▶ 埼玉県飯能市八幡町7-7
▶ TEL042-972-2098

狭い住宅街の老舗。駐車場あり

13 カールヴァーン［地中海料理］

アラビアンプレートやクラフトビールなど、山帰りとミスマッチな上等空間。

▶ 埼玉県飯能市大河原32-1
▶ TEL042-973-7000

クラフトビール4種飲み比べを

ここは飯能か？と一瞬混乱する

10 古久や［うどん］

肉汁つけうどんがイチオシ。ローカル色あふれる店は観光名所にもなっている。

▶ 埼玉県飯能市八幡町6-9
▶ TEL042-972-3215

トッピングもいろいろある

15 大里屋［和菓子］

※P45マップ参照

飯能駅ビルに売店あり。四里餅は小判形の大福餅。賞味期限は当日限り、行動食に。

▶ 埼玉県飯能市永田453
▶ TEL042-972-3600

本店は名栗方面への途中にある

14 奥むさし旅館［日帰り入浴］

駅まで5分ほどなので、山の帰りに立ち寄りやすい。入浴料600円。

▶ 埼玉県飯能市仲町24-8
▶ TEL0120-096-342

飯能駅近くでの入浴はここだけ

11 丸屋酒店［酒店］

ワイン、洋酒、日本酒、焼酎と博物館的な品ぞろえに圧倒。入店時、ザックは表に。

▶ 埼玉県飯能市仲町20-15
▶ TEL042-972-2754

レアもの酒類が棚からあふれる

飯能のおいしい歩き方

江戸へ水運で材木を供給する中継点として発達した飯能には、今でも飲食店が多い。山での行動食は飯能ならではのB級グルメをおすすめしたい。しかしいずれも開店時間は遅く、土産がよいだろう。下山祝に適した店はほかにもあり、鮨、うなぎなどの専門店を含め、タウンウォッチングも魅力満載だ。

古民家の座敷で名物うどんを

12 ひだまり山荘［登山用品］

飯能駅ビル改札階にあり、飯能では貴重な登山用品店。山帰りなど気軽に立ち寄れる。

▶ 埼玉県飯能市南町1-22
▶ TEL042-974-1988

山へのバス停と反対の南口方面

神成山

群馬県

断崖絶壁の縁を行く、展望と季節感の低山縦走

西上州の登山地図（『山と高原地図 西上州』昭文社）を30年執筆したが、神成山の登場は2011年版からだ。下仁田方面への行き帰り、高速道路の北に低く連なる岩屏風が気になってはいた。けれど西奥に潜む岩峰群が目的で、入口の岩山は横目で眺めるだけ。あるとき、富岡市に「日本一のハイキングコース」を名乗る山があると聞き調べたら、件の岩屏風で神成山と知った。登山地図は既設登山道の点検確認が必要だが、毎年改訂するからには新鮮味も欲しく、新コースの発見・開拓も課題の一つだ。しかしビギナー向けの一般コースはすでに網羅され、新顔はマニア向けの上級ばかり。神成山の登山行程は図中にピッタリ収まり、ビギナー向けにうってつけと期待した。

取材に訪れたのは2010年4月上旬。山麓の宮崎公園に車を止め、吾妻山へ縦走した。「日本一」とは「日本一きれいをめざす」意味とのこと。遠望のとおり南面は切れ落ちた岩壁が続くので、足元から開ける展望は広闊だが、疎林の尾根で絶壁の縁を行くスリルは薄い。ミツバツツジ咲く小さなピークを上下し、吾妻山から下ると新堀神社ではお祭りの最中だ。氏子のみなさんから、食えや飲めやと歓待された。上信電鉄の南蛇井駅から一駅の神農原まで乗り、宮崎公園に戻る。稀少なオキナグサの自生する山とも聞いていたが、山中でオキナグサは見られず、下山後に民家の庭先や

南蛇井駅の線路で、暗く、決して美しいと思えぬその姿に出会ったのだった。

７年後の11月、春には霞んでいた山々の展望と、紅葉風景を求めて再訪した。宮崎公園には新しい案内板が立ち、神成山というのは1ピーク名でなく、連なる９つのピークの総称で「神成九連峰」というそうだ。以前「神成山」の道標が立っていた三角点峰は「両山」と書かれていた。コースに入ると道標はより整備され、前回気付かず通過したＰ１は戦国時代の山城・神成城の物見台だ。すぐそばが本丸跡だが、コース入口の西中学校は宮崎城址とのことで、２城が隣接していたのだ。南向きの石祠が祭られるＰ２は三角点峰で「龍王山(りゅうおう)」の道標が立つ。ここには以前も今も「龍王ピーク」の表示もある。案内板の「両山」は、看板業者が電話で「りゅうおうやま」を「りょうやま」と聞き間違え「両山」と書いたのではないか、と疑った。Ｐ４の旧宇芸(うげ)神社跡に登り着くと、前にもあったミニ自然博物館はいっそう充実していた。

たどる雑木林の尾根道は、透過光を受けた紅葉が秋空にみごとだ。ピークごと、南には曾遊(そうゆう)の山々が大パノラマで広がる。東に遠く東西の御荷鉾(みかぼ)山とオドケ山、目前に稲含(いなふくみ)山が大きく、進むに連れて小沢(おざわ)岳や四ッ又(よつまた)山、鹿岳(かなたけ)の奇峰群が迫りくる。Ｐ５、Ｐ６には北面での信仰を表わす石碑が残るが、Ｐ７はうっかりすると巻いてしまう。Ｐ８の岩峰を越えると最近整備されたらしいオキナグサの保護地だが、今は季節外。しかし、そこからはロケットのようにそそり立つ鍬柄(くわがら)岳をアクセントにした、コース最高の景観が広がっていた。ひと登りで立った吾妻山には石祠が多く、親切にも解読困難な建立年月などが添えられていた。

下り着いた今日の新堀神社は森閑のなかで、春のにぎわいとは別世界。車道にある「大サボテンの家」はコースの目印で、大サボテンは健在だが家は空き家となっていた。今回は岩壁下の「かんなり郷道」を、岩壁見上げて車に戻る。歩きやすく、短時間ながら展望と紅葉は狙ったとおり。土曜日なのに誰にも会わない寂名山(じゃくめいざん)で、２０１８年版の登山地図はより詳細、正確に修正できた。

神成山（神成九連峰）

登山適期 通年

参考コースタイム

計2時間45分

上信電鉄神農原駅（30分）神成山入口道標（45分）龍王山（50分）吾妻山（40分）上信電鉄南蛇井駅

アドバイス

駐車場への道路はいずれも狭く、大きめの車だと進入に気を使う。コースは道標などよく整備され、地元の方による清掃活動も活発で、気持ちよく、不安なく歩ける。コンビニや商店などは付近にないので、飲食物は事前に用意したい。靴は頑丈すぎないほうが歩きよい。

アクセス

往路：上信電鉄神農原駅

復路：上信電鉄南蛇井駅

マイカー

上信越道下仁田ICから約10分で宮崎公園、無料駐車場（約10台）。新堀神社にも無料駐車場（約10台）。新堀神社から宮崎公園まで徒歩約50分。

問合せ先

富岡市観光交流課TEL0274-62-5439

上信電鉄は、高崎と下仁田を1時間ほどで結ぶローカル線だ。田園風景を走る姿は郷愁を誘う

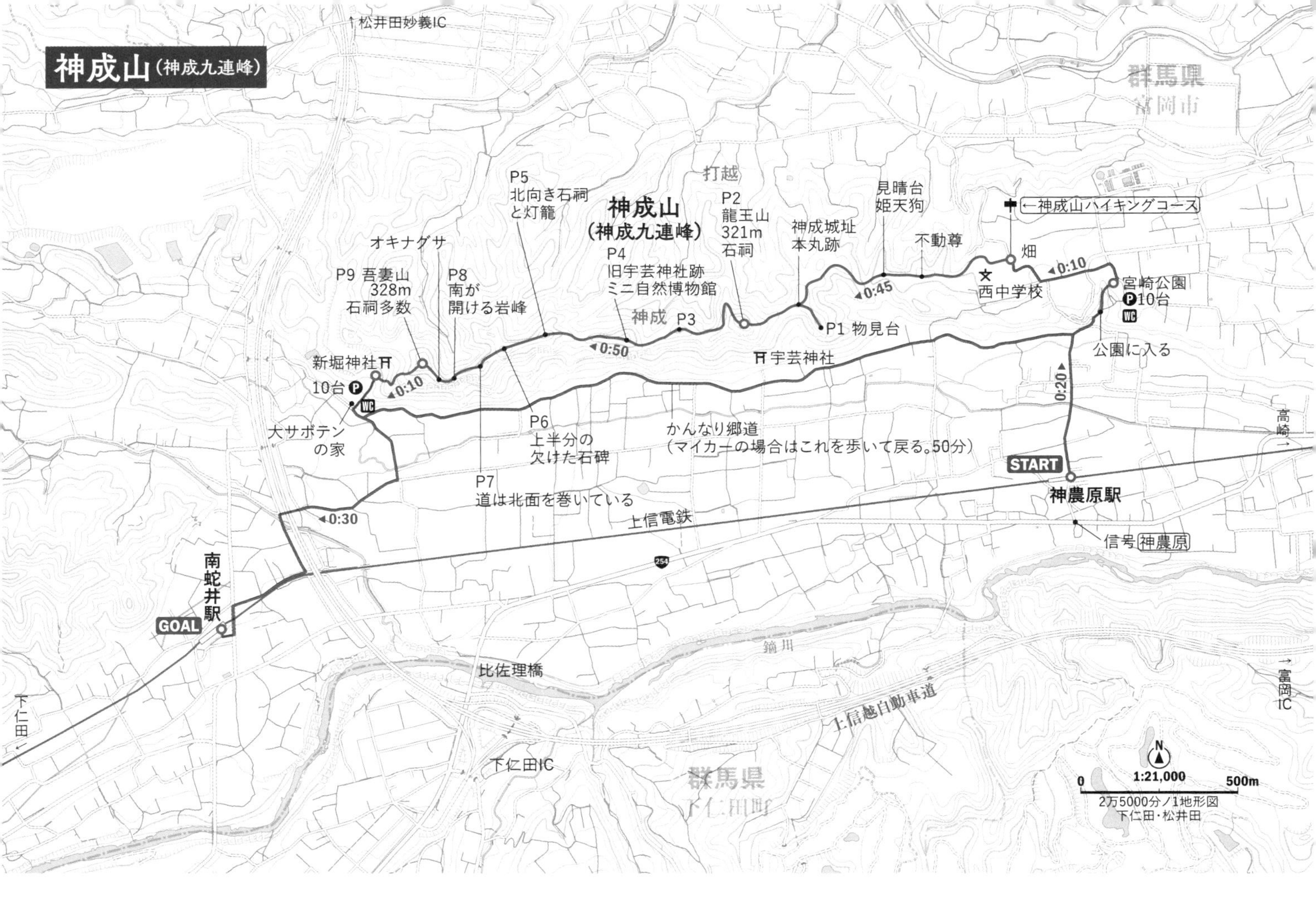

神成山（神成九連峰）
↑松井田妙義IC
群馬県
富岡市
打越
神成山
（神成九連峰）
P5
北向き石祠
と灯籠
P2
龍王山
321m
石祠
神成城址
本丸跡
見晴台
姫天狗
不動尊
←神成山ハイキングコース
畑
0:10
宮崎公園
P10台
WC
西中学校
オキナグサ
P9 吾妻山
328m
石祠多数
P8
南が
開ける岩峰
P4
旧宇芸神社跡
ミニ自然博物館
神成
P3
0:45
P1 物見台
0:50
宇芸神社
公園に入る
新堀神社
10台
0:10
WC
0:20
大サボテン
の家
P6
上半分の
欠けた石碑
かんなり郷道
（マイカーの場合はこれを歩いて戻る。50分）
高崎→
START
神農原駅
P7
道は北面を巻いている
0:30
上信電鉄
信号 神農原
254
南蛇井駅
GOAL
鏑川
比佐理橋
上信越自動車道
→富岡IC
下仁田←
下仁田IC
群馬県
下仁田町
N
1:21,000
0
500m
2万5000分ノ1地形図
下仁田・松井田

初級

大屋山

［群馬県］

3度目の登頂で気がかりが晴れた、西上州の寂峰

大屋山は、ミニ岩峰ひしめく西上州では地味な存在だ。もっそりした山容は登高欲をそそるとは言いがたいが、穏やかな雑木林の山稜に現われるヤセ岩稜はいかにも西上州らしい。山上に秘められた小さな沼は、霊気さえ感じる美しさだ。

初めて訪れたのは1981年の5月、34歳だった。物語山から鹿岳へ道なき薮岩稜の縦走が目的で、前夜は高崎駅でステーションビバーク。初日はルートミスで発見した炭焼き窯に潜り込んで泊まる。後出の「ゴシュウ山」を経て木々岩峠の一本岩を登攀。鹿岳登頂を果たして勧能の民宿泊。翌日は鷹ノ巣岩北稜を登り、碧岩・大岩も回って砥沢の神社に泊まった。神社は屋根が深く水やトイレがあることも多いので、ビバークに好都合。ムササビ飛び回る広い神楽殿で快適な一夜を過ごした。最終日が大屋山。街道の酒屋に不要な荷を預け、太く短い金精様を眺めて北の沢沿い道へ。地形図にある道は廃屋までで、その先は沢から尾根へとかき登る。

平坦になると小さな池が目の前だ。こんな山上に不思議な、と思いつつオタマジャクシ群れる池を後に、明瞭になった踏み跡を尾根上にたどる。カヤトの斜面で鹿岳方面を眺め、雑木林のピークを越えると、思いがけずヤセ岩稜が現われた。慎重に通過すると、三角点の埋まる大屋山頂上だ。木立の中で展望はなく、そそくさと往路を戻った。

小さな池近くの明神宮から下る踏み跡と、地形図にある大屋山から北へ続く破線が気になり、再訪したのは7年後の4月。東麓の山仲集落に車を止め、物品輸送用のモノレールに沿う山道を登った。樹林を抜け出ると、山畑広がるお椀の内壁のような斜面に2軒の人家。浅い緑にハナモモが彩りを添える、桃源郷といいたい蓼沼（たでぬま）の集落だった。上の人家の右手から延びる道が、植林から雑木林に代わると分岐だが、時間に追われ池には寄らず山頂へ。北へ下る破線の尾根を探ったが、5分ほどで険悪なヤセ岩稜となり退散。あとで西上州のバイブルともいわれる『西上州の岩山藪山』（二木久夫著／現代旅行研究所・1981年）を見たら、二木さんはこれを登っていたのだが。

　蓼沼集落へ車道ができたと聞いて訪れたのはそのまた20年後の2008年5月。2軒の人家の間を西の道場（どうじょう）集落へ通じる車道ができ、上の人家入口が駐車場となっている。変わらぬ隘路（あいろ）を稜線に向かい、例の池に立ち寄るとその美しさに驚いた。これぞお天気様のおかげか、新緑きらめく青空の下、池は天女の瞳を思わす水面がまばゆい。蓼沼で、集落名のよりどころだった。沼の主の大蛇が周辺山村のいさかいに立腹し、雨乞いの霊験を封鎖したとの伝説があるとか。尾根東面のカヤトが植林に変わっていたのは、茅葺屋根にトタンがかぶさり、カヤが不要となったからか。ヒカゲツツジやハルリンドウを眺め、登り着いた山頂は以前と違い大展望。道記号はないが北西への尾根に入ると、立岩（たつ）、碧岩などを望む展望岩も発見。3度目にして美しさも最高の大屋山なのだった。

　山奥へ延びる車道は心情的に愉快でないが、あればこれ幸いと利用する無節操な私。おかげで半日コースとなった大屋山には、その後も何度か訪れる。けれどモノレールのあった山道はすでに廃れ、2軒の民家は今は無住。山頂はまたも木立の中で、展望は展望岩だけとなった。40年の年月は山と私も変える。しかし道はいまだにか細く、短時間で西上州らしい雑木林と展望、そしてスリルもちょっぴり味わえ、誰にも会わない。大屋山は、そんな寂名山（じゃくめいざん）なのだ。

大屋山

登山適期 通年

参考コースタイム

計3時間10分

大屋山登山口（1時間）蓼沼（30分）大屋山〈展望岩往復40分〉（20分）蓼沼（40分）大屋山登山口

アドバイス

蓼沼集落は無住だが、耕地は活用されている。分岐の沢から植林帯の直登ルートを登り、帰りは清水から真っすぐ下るのがよい。稜線は西風の強いことが多く、休憩困難な場合は山頂と展望岩の間で北へ派出する尾根をわずかに下れば、風を避けて休憩できる。

アクセス

往復：上信電鉄下仁田駅からタクシー約30分で登山口

マイカー

上信越道下仁田ICから約40分で大屋山登山口。路肩に駐車スペースあり（約3台）。

問合せ先

南牧村情報観光課
TEL0274-87-2011
上信ハイヤー下仁田営業所
TEL0274-82-2429
成和タクシーTEL0274-82-2078

雑木林の山稜に水面を輝かせる蓼沼。大屋山麓の集落で沼の利権争いがあったとか

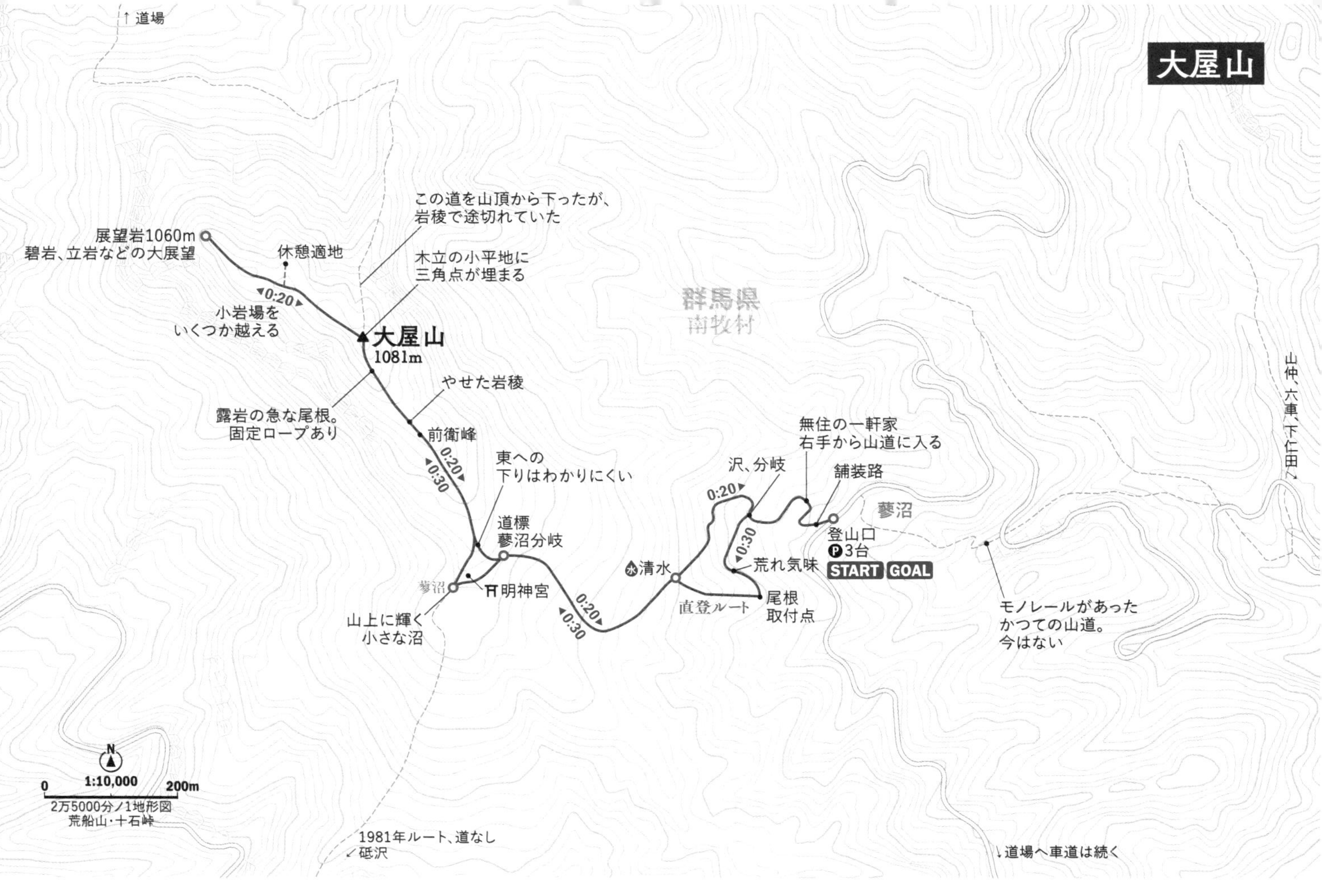
大屋山
↑道場
この道を山頂から下ったが、
岩稜で途切れていた
展望岩1060m
碧岩、立岩などの大展望
休憩適地
木立の小平地に
三角点が埋まる
0:20
小岩場を
いくつか越える
大屋山
1081m
群馬県
南牧村
やせた岩稜
露岩の急な尾根。
固定ロープあり
前衛峰
0:20
0:30
東への
下りはわかりにくい
道標
蓼沼分岐
蓼沼
明神宮
山上に輝く
小さな沼
0:20
0:30
清水
直登ルート
尾根
取付点
荒れ気味
0:30
0:20
沢、分岐
無住の一軒家
右手から山道に入る
舗装路
蓼沼
登山口
P 3台
START
GOAL
山中、六車、下仁田
モノレールがあった
かつての山道。
今はない
↓道場へ車道は続く
1981年ルート、道なし
↙砥沢
N
0
1:10,000
200m
2万5000分ノ1地形図
荒船山・十石峠

中級

横瀬二子山

小さな開拓心を満たした、アセビに埋もれる尾根

［埼玉県］

西武秩父線芦ヶ久保駅背後の二子山から、南の武川岳へ延びる縦走路は、古くから親しまれる奥武蔵のロングルートだ。岩交じりの急な登降と要所の展望が楽しいが、近年、中ほどに林道ができ、興趣が削がれてしまった。けれど二子山も武川岳も、それぞれにいくつかのコースがある。二子山へは兵の沢コース、冨士浅間神社コースの２本。冨士浅間神社登山口は、冬には横瀬町の観光策で人工氷柱が作られ、登山道は閉鎖される。けれど超暖冬の２０２０年は氷柱形成不能で2月末には解禁だろうと、2月28日、冨士浅間尾根を登り、兵の沢コースを下る周回プランを立てた。

しかし冨士浅間尾根はまだ閉鎖。久々の兵の沢コースには駅前の登山口から山頂まで、８カ所に埼玉県警山岳救助隊や横瀬町などによる「学習登山コース」のレッスン看板が立っている。どこの山でも見かける案内や説明看板は動植物や地形モノが多く、興味の薄い人にはどうでもよいが、ここのは違っていた。山への基本姿勢、方位や現在地確認、地形図と展望など、ビギナー向けの山登りノウハウが場所に応じて適切に記される。

小尾根を越えて入る兵ノ沢沿いの道は前年の台風でかなり荒れていたが、点在する例の看板や丁寧な道標が続く。雌岳直下の泥ザレ急登にはロープが張られ、若干の岩場も楽しんで主峰の雄岳に無事登頂。すぐ先の展望地からは、間近の武甲山

や両神山、上を向いたイルカを思わせる小鹿野町の二子山、浅間山などが広大だ。しかし武川岳からの縦走では気付かず通過する人が多い。

　来た道を戻ったが、兵ノ沢下降点で東を指す「山道 行き止まり」の道標が気になった。40年くらい前にそちらから登った記憶があったからだ。しかし現在、ネットの地理院地図に記載は皆無。でもよく見ると「行き止まり」先のピークから北へ下る明瞭な尾根は兵の沢コースの乗越点に続く。ヨーシ、と翌週再び向かった。

　兵ノ沢右岸は険悪な崖が多く、念のため補助ロープを用意。まだ閉鎖の冨士浅間コースを横目に兵ノ沢から山頂へ。下りは「行き止まり」を直進すると樹林の円頂で「大平」の名もあるらしい。北への尾根は地形図でも目立ち、期待した踏み跡もあった。わずか下った肩状でいきなりの大展望。南斜面の「あしがくぼ果樹公園村」が穏やかで、浅間山、榛名山、御荷鉾山などがゆったりと。尾根が広がる６３０ｍ圏で踏み跡は消え、ＧＰＳでは破線が西へ下っているがめざす方向ではない。

北へ雑木林の尾根に入ると、果たして踏み跡は明瞭となった。慎重に読図しつつ岩交じりの急なザレ斜面を下ると、ドンピシャリ！　ロープを使うことなく兵の沢コースの乗越点に出る。下りならではの読図を楽しめたこの尾根は、雑木林が多く、上から下までアセビがみごとだ。この尾根をアセビ尾根、そしてレッスン２の看板が立つ乗越点を「アセビ乗越」と呼びたくなった。帰宅後に古い地形図を見ると、ＧＰＳと同じ破線路は兵ノ沢に下り、40年前の記憶と合致した。

　２回登り損ねた冨士浅間神社コースは4月に解禁され、氷柱見物用新道で登山口へ。荒れているかと思った登山道はさにあらず。冨士浅間神社では両神山や浅間山などの展望とアカヤシオを楽しみ、上部の岩場は意外に容易で短かった。

　短期間に3回登った横瀬二子山だが、家から１時間足らずのアクセスで、６００ｍ近い標高差はトレーニング効果も期待できる。私なりの体力で未踏のおもしろい山がまだまだありそうと、老い先の明るさを感じさせてくれる山なのであった。

横瀬二子山 アセビ尾根下降

登山適期 通年

雄岳のすぐ南には貴重な展望地。休憩にもよく、左間近に武甲山、右に両神山が遠い

参考コースタイム

[兵の沢コース] 計3時間55分

西武秩父線芦ヶ久保駅（10分）アセビ乗越（30分）二俣（35分）兵ノ沢下降点（35分）二子山雄岳（35分）兵ノ沢下降点（5分）大平（25分）尾根二分点（50分）アセビ乗越（10分）芦ヶ久保駅

アドバイス

アセビ尾根は登るほうが容易だが、ルートを探す緊張感は薄れる。雌岳と雄岳の間には岩場があるので、苦手な人は、雌岳東側直下の巻き道を通れば安心だ。道の駅「果樹公園あしがくぼ」（TEL0494-21-0299）には、食堂、農産物直売所などのほか、シャワーもある。

アクセス

往復：西武秩父線芦ヶ久保駅

マイカー

圏央道狭山日高ICから約1時間、芦ヶ久保駅前にある道の駅「果樹公園あしがくぼ」の第二駐車場を利用（無料）。

問合せ先

横瀬町役場TEL0494-25-0111

（アセビ尾根は除く）

横瀬二子山 アセビ尾根下降

黒滝山　九十九谷

中級

［群馬県］

谷奥に潜む、岩屏風の奇景と険悪な岩稜

黒滝山という山頂はない。岩壁に抱かれる黄檗宗の古刹・不動寺の山号で、その周辺一帯の山域名だ。荒船山から東へ延びる尾根は、南牧川と西牧川を分け下仁田の町へ消える。その中ほどのトヤ山から南へ分かれる尾根に、黒滝山はある。

この山域へ初めて向かったのは1988年3月、42歳。不動寺にチャリンコをデポし、車で相沢へ。荒船山に登り、縦走路を不動寺まで歩いた。連なる小岩峰を巻き進む歩きよい尾根道で、1989年初版の『山と高原地図 西上州』(昭文社)には「すべてピークを巻くプロムナードコース」と書いた。しかしこの縦走路は2007年の台風で大破。岩峰の巻き道は崩落多く復旧困難で、登山地図からは削除した。不動寺からはチャリで下仁田へ下り、バスに積んで三ツ瀬バス停へ。相沢に置いた車へチャリで登る道は意外にキツく長い。この日はデポした車で不動寺に戻り泊まった。

その翌日は九十九谷。谷といっても道標が指すのは岩稜で、まぎらわしい。とても怖いと聞いた馬の背岩稜は両端が極端に削ぎ落ち、鎖の手すりはあるものの、危険度は妙義山レベル。慎重に登るが、鎖や直立したハシゴがその先も続き、気が抜けない。鷹ノ巣山への道を分け、穏やかな雑木林の山稜をたどると黒滝山域最高点の観音岩だ。北には鹿岳や妙義山、不動寺を見渡し、南西には大屋山や碧岩、甘楽多野郡界の山々が霞んでいた。

岩上と周辺には三十三観音石仏が祭られ、途中の岩峰には御嶽(おんたけ)神社の石碑も。不動寺の住職によると、この岩稜全体を五老峰(ごろうほう)と呼ぶそうだ。鷹ノ巣山から底瀬(そこせ)へ下るつもりだったが雪となり、往路を注意深く戻った。

歩きそこねた鷹ノ巣山へと同年5月に再訪。上底瀬から不動寺への農道を登り、馬の背を五老峰へ。観音岩はパスし、石祠の置かれる分岐から鷹ノ巣山へと急な泥藪岩稜を慎重に下ると、右下に息をのむ光景が広がった。何枚もの屏風を立てたような岩稜が、切れ込む谷に幾重にも重なり、なるほどこれが本来の九十九谷かと見とれる絶景だ。すぐ下のナイフリッジを慎重に渡り、下底瀬、上底瀬への道を左右に分けると鷹ノ巣山はじきだった。碧岩などを眺める山頂には西へ「底瀬を経て六車へ」の道標が。これを下ったが途中で道を失い、尾根通しに藪をこいで車道に下りた。

ミスが悔しく、すぐに再訪。下底瀬から鷹ノ巣山へ登り、前回迷った地点から尾根を外れて下ると、あっけなく上底瀬の九十九谷橋に出た。後年この道は死亡事故があり、通行止めとなったが。九十九谷橋から沢道に入ってみると、沢を渡った登り道へ「九十九谷」と道標は指している。道から外れ沢を少し登ると二俣で、左右ともに先は急峻なスラブだ。とても私の登る世界でなく退散したが、谷奥には「銚子ダル」「六枚層」などの岩壁が秘められているそうな。

その後も何度か行ったが、下底瀬からの道は下部が崩壊して通行困難。不動寺はご住職が亡くなり宿泊は廃業。ナイフリッジには危険度の少ない巻き道ができた。そして上底瀬には南牧村で整備した駐車場が出現。多様なコースをバラバラに歩いた九十九谷だが、そんな変化を踏まえて２０１６年5月、岩場が苦手で怖がり屋の妻を伴い訪れた。上底瀬の黒滝山登山口駐車場から五老峰入口へ。ここに黒滝峠の名があることは最近知った。不動寺を見物して戻り、馬の背を経て観音岩を往復。分岐からナイフリッジを下り、鷹ノ巣山を往復して上底瀬へ下る。妻をビレイすることなく、九十九谷のモデルコースができあがった。

黒滝山 九十九谷

登山適期 通年

参考コースタイム

計3時間35分

上底瀬黒滝山登山口駐車場（40分）黒滝峠〈不動寺往復30分〉（50分）九十九谷分岐〈観音岩往復20分〉（35分）鷹ノ巣山（40分）登山口駐車場

アドバイス

短時間で周回できる岩山だが、馬の背岩稜の危険度は侮れない。安定して休憩できる場所は、鷹ノ巣山・九十九谷分岐東側の雑木林の小平地だけ。アクセス途中にある道の駅「オアシスなんもく」には、人気の「とらぱん」ほか地場産品が豊富（140ページ参照）。

アクセス

往復：上信電鉄下仁田駅からタクシー約30分で登山口

マイカー

上信越道下仁田ICから約30分で上底瀬黒滝山登山口駐車場（無料、約10台）。

問合せ先

南牧村情報観光課
TEL0274-87-2011
上信ハイヤー下仁田営業所
TEL0274-82-2429
成和タクシーTEL0274-82-2078

九十九谷の奇景を見下ろすとすぐ下が、このナイフリッジ。左下に巻き道がある

黒滝山 九十九谷

トヤ山
黒滝山不動寺
不動寺駐車場
大塩沢、小沢橋
黒滝峠
（五老峰入口）
0:15
群馬県
南牧村
山の神
0:40
鎖の手すりがヤセ岩稜に
馬の背岩稜
トラバース、鎖から直上鎖、
すぐに急なハシゴ
豚舎
樹林の尾根
岩場あり
急なハシゴの上で岩をまたぐ
農道
0:50
コースは東面を巻く
黒滝山
五老峰
黒滝山登山口
見晴台
御嶽神社の
祭られる岩峰
鷹ノ巣山・九十九谷分岐
石祠あり
上底瀬
雑木林の小平地
唯一ほっとできるところ
固定ロープ
黒滝山登山口駐車場
10台
START
GOAL
九十九谷登山口
九十九谷
0:10
九十九谷を見下ろす
絶景、注意!!
観音岩880m
岩峰上と周囲の岩壁に
多数の石仏が祭られる。
鹿岳、妙義山、小沢岳、碧岩、
立岩など三六〇度の展望が広がる
九十九谷橋
0:35
ナイフリッジ
0:40
巻き道
下底瀬下降点
植林の道
上底瀬下降点
N
0
1:9,000
200m
2万5000分ノ1地形図
荒船山
死亡事故あり
通行止め
底
瀬
川
鷹ノ巣山
南に展望開ける
下底瀬への道は不詳
六車、下仁田

中級

四ッ又山・鹿岳

スリルと展望あふれる6つの岩峰を日帰りで縦走

［群馬県］

東京方面から下仁田に近づくと、カシューナッツを2個突き立てたような岩峰が現われる。鹿岳だ。その左に少し低く、頭が4つに割れた富士山形の四ッ又山。西上州へ通い始めたのは今から40年以上前だが、いずれも道らしい道はなく、連なる2峰を一峰ずつ別の山として、それぞれを一日がかりで登った。鞍部のマメガタ峠から鹿岳へは踏み跡もなく、その基部から北面の岩壁をへつり鹿岳のコルへ出る部分は際どいバランスでの岩登り。西上州自体、岩間に薮をくぐってかすかな踏み跡をたどるバリエーションルートばかりといえたが、この部分は特上だ。通過すれば自慢話だったほど。そんな2峰にも時とともに登山者は増え、地元の人の努力で2峰縦走の整備が進む。件の悪場も固定ロープ設置で通過が容易となり、2峰、すなわち6つの岩峰の日帰り縦走が可能となった。

２０１０年4月末。浅い芽吹きの山稜へ妻と向かった。小沢橋から舗装の急坂を登り、不動滝のある沢道から風早尾根に出る。西面の巻き道を分け、たどる尾根道は浅緑の芽吹きにミツバツツジが艶やかな雑木林。ゼンメイアタマを越えると天狗峠だ。少し上には大天狗・小天狗の石碑が置かれるが、峠から東へ下る道は台風で崩壊し廃道だ。雑木林の急登で着いた四ッ又山Ｐ１にはビリケン（とんがり頭とつり上がった目が特徴の幸福の神）を思わす石像が祭られ、アカヤシオを前景に浅間山や妙義山などが広がっていた。すぐそばには石像の立つＰ２と、ここから見るとジャガイモのような鹿岳も。北へ続くヤセ岩稜はロープ頼りに急な登降を繰り返す。Ｐ２の神官や烏天狗など、それぞれのピークに立つ石像や石祠は御嶽教の遺構とか。Ｐ４からロープの続く岩と泥の急下降でマメガタ峠に着けば、新緑と芝草の別天地。緊張から解放される昼食時間はまたたく間に過ぎた。

　疎林の上に突き立つ鹿岳を見ると、緊張感は高まる。けれど岩壁に突き当たり、右に岩稜を越えた道はロープ堅固で足場は安定し、不安なく鹿岳のコルに出た。まずは最高点の二ノ岳へ。岩稜を北から回り込み、木のハシゴを登ると鎖場。外傾した階段状の岩場を10mほどで明るい岩稜に出た。背後に低い一ノ岳や四ッ又山を眺めれば頂上はじきだ。大展望は、小岩峰林立する西上州の山々や浅間山、妙義山の奥には上越境の白い山並も。

　コルから一ノ岳へは泥と木立の岩稜だ。灌木の山頂を進み、わずか下ると開放感抜群の岩棚に出る。足元が激しく切れ落ちたここは、大塩沢から見上げる顕著な岩壁のてっぺんだ。石祠が祭られ、見下ろす山里風景がのどかだった。下高原へは雑木林から植林に続く急な下り。ナメ沢で一息入れ、下高原登山口で車道に出る。山村の花景色や行く手の小沢岳を眺め、小沢橋へと戻った。

　その後、下高原登山口近くに駐車場ができると、マイカーならより楽に２峰を回れるようになった。駐車場から案内板の立つ大久保集落へ下り、天狗峠へ出るのだ。マメガタ峠から登山口へ戻ることも容易なので縦走が不安な人もＯＫで、今はこの周回コースが主流となっている。

　鹿岳には二ノ岳からさらに西へ延びる道もある。三ノ岳と呼ばれる岩稜を越え、廃道となった木々岩峠道に合わさり、下高原奥の林道へと下るのだ。しかし２０１６年に訪れると大規模な伐採で地形図も役立たぬほど道は不明だった。過去の記憶を頼りに下ったが、その後どうなっていることか。

　小沢橋から風早尾根を登って縦走し、三ノ岳を経て小沢橋へと周回すれば、日帰りながら大縦走の満足感に浸れるだろう。

四ッ又山・鹿岳

登山適期 ほぼ通年

参考コースタイム

計5時間35分

鹿岳無料駐車場（15分）大久保登山口（50分）天狗峠（35分）四ッ又山P1（1時間）マメガタ峠（50分）鹿岳のコル〈二ノ岳往復40分／一ノ岳往復30分〉（50分）下高原登山口（5分）鹿岳無料駐車場

マイカー

上信越道下仁田ICから約30分で下高原登山口手前の鹿岳無料駐車場（約10台）。大久保登山口奥にも2〜3台の駐車スペースあり。

問合せ先

南牧村情報観光課（南牧バスも）
TEL0274-87-2011

アドバイス

冬の積雪は少ないが、アイゼンには雪がダンゴとなりスリップの危険がある。無雪期でも四ッ又山の稜線、鹿岳のコルへの北面の岩壁、鹿岳・二ノ岳への鎖場は要注意箇所だ。全縦走時には南牧タクシー（TEL0274-87-2108）利用で車道歩きを省ける。ベストシーズンは5月上旬。

アクセス

往復：上信電鉄下仁田駅（南牧バス15分）小沢橋（徒歩45分）大久保登山口

マメガタ峠で昼食後、鹿岳への登りは腹が苦しい

天狗峠には大天狗と小天狗の石碑が

四ッ又山・鹿岳
木々岩峠
一ノ岳、四ッ又山、西上州の山々、
妙義山などの大展望
ハシゴと鎖で
岩壁を登る
鹿岳のコル
狭い岩稜
岩壁北面を固定ロープで登る
一ノ岳の岩壁に突き当たり
右へロープ伝いに
岩稜のコルを越える
鹿岳
二ノ岳
1015m
三ノ岳
0:20
ザレた急斜面
木立の岩稜
0:15
露岩の斜面
一ノ岳
0:50
見晴台
妙義山方面の展望
マメガタ峠
ロープの連なる急な下り
1:00
P4石祠、石像
P3石祠
P2烏天狗の石像
四ッ又山900m
ロープのある
山腹道
滑落注意
P1頂上。
石像あり
P1分岐
0:35
一ノ岳南のテラス
石祠あり。
ニノ岳を見上げ
南牧村の山里を
見渡す
林道
0:50
ナメ沢
植林帯
下高原
一軒家
下高原登山口
0:05
鹿岳無料
駐車場
P10台
マイクロバス可
START
GOAL
狭岩
0:15
大久保
2台P
0:50
マメガタ峠
分岐
コンニャク畑跡
の杉林
大天狗・小天狗の石像
天狗峠
大塩沢川
大久保登山口
集会所
ゼンメイアタマ
風早尾根
巻き道分岐
下仁田町
群馬県
南牧村
大塩沢
消防詰所
鹿岳を見上げる
1:20,000
0
500m
2万5000分ノ1地形図
荒船山
下仁田
小沢橋
南牧川

立処山

中級

群馬県

峠道の廃村から、鍾乳洞が潜む展望の岩峰へ

オバンド峠、明家、ハリマ峠。この名を知ったのは深田久弥著『わが愛する山々』（現・ヤマケイ文庫）にある「御座山」だ。深田氏と藤島敏男、望月達夫のお三方は、両神山を振り出しに現・神流町、上野村を通って御座山をめざした。なんともおおらかながら多少のシビアさとユーモアを交えた道中記で、3つの地名が記憶に残った。

「四周が山で、まるで桃源郷のような」と深田氏が書いた憧れの明家集落には32歳の初夏に初めて訪れる。「山間のひそとした峠で、小さな古びた祠が祀ってあった」というオバンド峠はそのままながら、峠道はバイクの通れる道。明家では若いロン毛の兄ちゃんが、茅葺屋根の外壁に付けたスピーカーでグループサウンズをガンガン鳴らし、バイクの整備に余念がなかった。ハリマ峠への道は不明で、来た道を間物集落へと戻る。所ノ沢から大ナゲシへ登った帰り道だった。

3年後に立処山に登った。これも桧沢岳北西稜の帰り道。鍾乳洞に立ち寄り、雨上がりの山頂からは雲上に突き立つ叶山の美しさに感動したが、永遠に再会できぬ光景となった。

のちにこの2点が同じ尾根上にあることに気付き、縦走コースを登山地図に載せた。バスで神ヶ原から立処山に登り、明家から志賀坂峠を越え、旧志賀坂峠道を下って坂本バス停に出れば、東京から日帰りで西上州の縦走を味わえたからだ。し

かし後年、志賀坂峠道は崩壊荒廃し、このコースは登山地図から削除した。それが迂闊だったことに気付いたのはかなり後。縦走の前か後で国道を約1時間歩けばこの山稜は楽しめる。歩き直し、山地図への再登場となった。

さらに時がたった2017年の秋、逆コースのほうが充実感豊かではないか?と訪れた。間物の駿河大明神宮社には色っぽい由来が書かれていたが、それは行ってのお楽しみ。ちなみに間物とは間の物、すなわち股間のイチモツから来ているとか。国道から入る峠道は深田氏の記述と変わらず「初め沢沿いの道を行き、それから沢を離れてジグザグの登りになる」。初めて訪れたときのバイク道が、雑木林の穏やかな峠道に戻っていたのは自然のなせる業か。明家が廃村となったことは何度か訪れわかっているが、記憶にあるあのスピーカーの痕跡が見当たらないのはいつも不思議に思う。南に高く赤岩尾根を望む山上の集落跡は青空と紅葉の下、名前どおり2軒の廃屋が明るく秋の陽を浴びていた。

北へ向かう作業道は雑木林から植林の尾根道となり、鞍部で国道へ下る道を分けると岩場となる。急な登降箇所にはロープが固定されているが、以前、神流町のイベント時に滑落事故があったので油断できない。雑木林の急登が植林に変わると稜線で、山頂はすぐ右。最後の岩場を慎重に登り立った立処山頂上には、これまでで最高の展望が待っていた。西の高反山(たかそり)、北に西上州(にしじょうしゅう)きっての険谷・東福寺沢(とうふくじ)と小岩峰をちりばめたその周辺岩稜。東にはかつての麗姿を想像できぬ叶山が無残だが、南には艶(あで)やかな紅葉を前景に両神山(りょうかみ)から赤岩尾根、大ナゲシと黒々連なる岩脈が絶景だ。

雑木林の急下降で岩根に立つとそこは鍾乳洞入口。ヘッドライトで下る縦穴は50mほどで底に着くが、ロープやハシゴは古びて怪しげだ。異界を後に石灰岩のゴロゴロする斜面を神ヶ原へと下る。鍾乳洞をラストのほうが楽しいと実感できた。

低山は時の流れに変化が大きいが、好天に恵まれたこの日は、そんな変化をむしろ楽しめた。やはり山はお天気が一番だ。

立処山

登山適期 10～6月

参考コースタイム

計5時間25分

立処山登山口（1時間10分）オバンド峠登り口（1時間）明家（40分）国道下降点（1時間）立処山（25分）鍾乳洞〈探勝40分〉（30分）立処山登山口

アドバイス

神流町の宿に泊まれば、オバンド峠登り口への送迎は可能。明家は元住民の方が畑を作っている。敷地、建物ともに立ち入り禁止だ。縦走路の岩場、山頂への岩場は、岩が不安な人はロープでの確保が望ましい。鍾乳洞もロープがあれば底まで下りられる。ヘッドライトは必携。

アクセス

往復：JR高崎線新町駅（日本中央バス2時間）古鉄橋（こてつばし）バス停

マイカー

関越道本庄児玉ICから約1時間で登山口。駐車スペース（数台）あり。

問合せ先

神流町観光案内所TEL0274-57-3305
日本中央バスTEL027-287-4422

縦走の最後に着いた立処山頂上は三六〇度の大展望

宿泊情報

民宿 山楽荘

▶ 群馬県多野郡神流町大字万場950-1
▶ TEL0274-57-2160

今井屋旅館

▶ 群馬県多野郡神流町大字万場25
▶ TEL0274-57-2006

山楽荘の食膳は、完食が大変なほど豪華でにぎやかだ

今井屋は詩人・尾崎喜八も泊まった老舗旅館

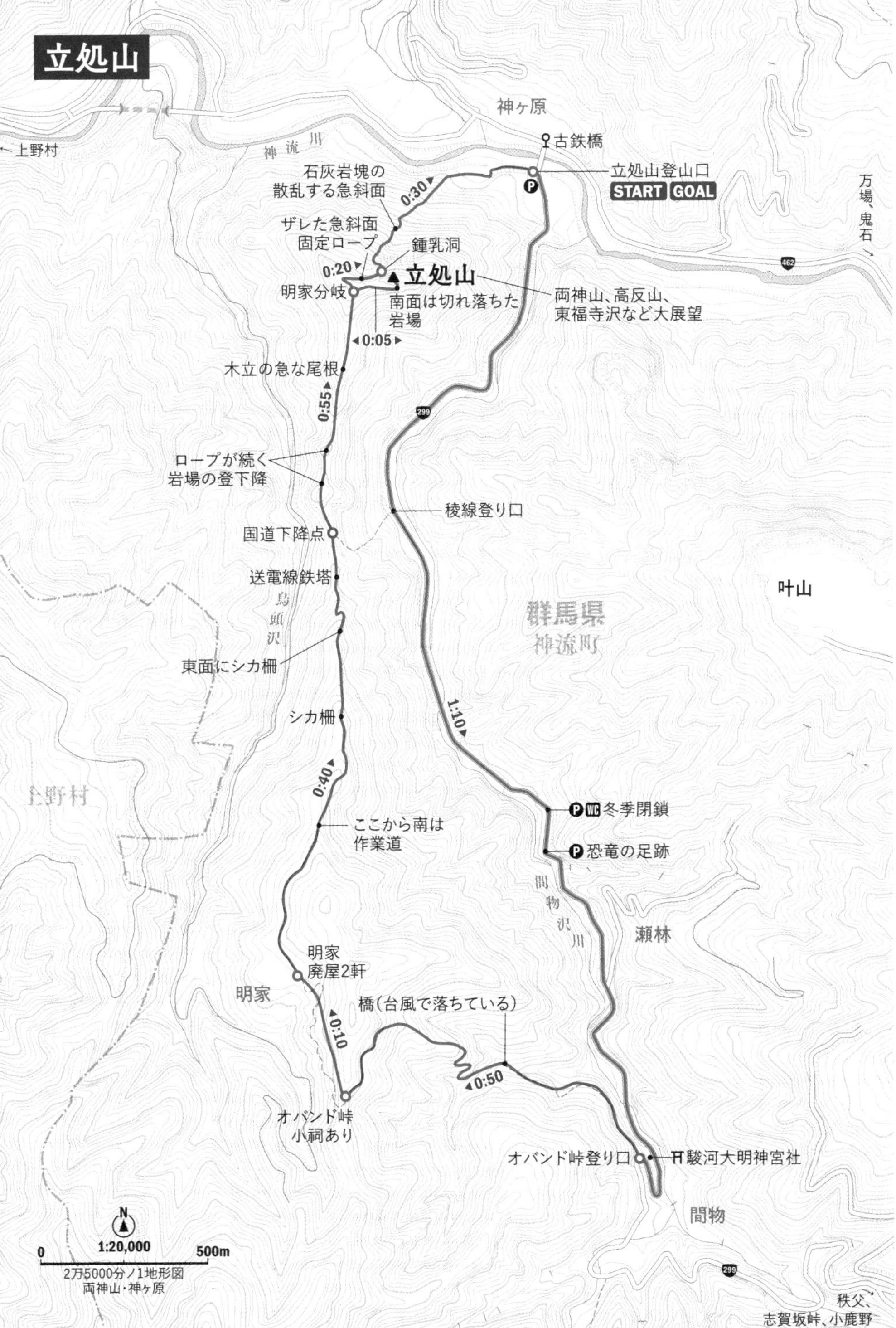
立処山
神ヶ原
上野村
神流川
古鉄橋
立処山登山口
START GOAL
万場、鬼石
石灰岩塊の
散乱する急斜面
0:30
ザレた急斜面
固定ロープ
鍾乳洞
0:20
立処山
明家分岐
南面は切れ落ちた
岩場
両神山、高反山、
東福寺沢など大展望
0:05
462
木立の急な尾根
0:55
299
ロープが続く
岩場の登下降
稜線登り口
国道下降点
送電線鉄塔
鳥頭沢
東面にシカ柵
叶山
群馬県
神流町
1:10
シカ柵
0:40
上野村
冬季閉鎖
ここから南は
作業道
恐竜の足跡
間物沢川
瀬林
明家
廃屋2軒
明家
橋（台風で落ちている）
0:10
0:50
オバンド峠
小祠あり
オバンド峠登り口
駿河大明神宮社
間物
N
1:20,000
0
500m
2万5000分ノ1地形図
両神山・神ヶ原
299
秩父、
志賀坂峠、小鹿野

ESSAY

コスパの高い山々へ

西上州の山々には長年親しんでいた。目立つ高山、有名山に乏しく、多くの登山者の視線からはこぼれ落ちる、人け少なく独占感を味わえる山域だ。そんな山々に引き寄せられたのは、穏やかな山村風景と、そのなかに突如現われる峻険な岩山とのコントラストが衝撃的だったからだ。整備された登山道は極めて少なく、山麓の樹林から抜き立つ岩峰に、読図と動物的勘でルートを探るワクワク感がたまらない。首尾よく展望広がる岩頭に立てば、天下を取った気分。狭いエリアに岩峰が密集する西上州に通ううち、山麓グルメも見逃せなくなる。電車・バス利用だとアクセス不便だが、マイカーなら自宅から日帰り容易な山域でもあったのだ。

　そんな私も、山へ向かい始めたころは、北アルプス、谷川岳、八ヶ岳、丹沢などへ。しかし風景のすばらしさとは裏腹に、往復の交通機関、登山道、山小屋と、どこも人、人、人がひしめき、都会の喧騒がそのまま山に移動したよう。北鎌尾根から槍ヶ岳へ登った翌日の、穂高岳へ向かう大キレットでは数珠つなぎの大渋滞。強い日差しを避ける場所はなく、炎天下、牛歩の岩稜歩きは好天を恨むほどだった。山小屋で互い違いに寝る「いわし缶」は夏山の常識のようで、いかに窮屈だったかの体験を自慢げに吹聴する登山者の多いこと。山々での武勇伝を声高に語る登山者にも閉口した。南アルプス、朝日連峰、飯豊連峰など名だたる山々でも、混雑の不愉快はたっぷりと味わった。もちろんそこにいる自分もその一因で、次第に足は有名山から遠ざかる。

山に登る理由は、原始への回帰願望がその一つだ。誰にも会わず人工物の少ない西上州の薮岩山はその願望を満たしてくれたが、ほかにもそれに応えてくれる山はあった。残雪を利用する山々だ。会津丸山岳（あいづまるやま）、毛猛山（けもう）、川内山塊（かわち）・矢筈岳（やはず）などは登山道がなく、無雪期には獰猛な薮が全山をガードする。しかし豊富な残雪が密薮を押し隠す春には、舗装道路のような雪の山稜となるのだ。けれどこれらの山々は、相応の体力が欠かせない。

西上州にはもう一つ、大きな魅力があった。標高が低いので、風景の変化が早いのだ。30分も歩けば風景はガラリと変わり、歩き飽きることはない。いわば歩く時間・労力と、風景の変化、すなわち達成感・充実感との、コストパフォーマンスが高いのだ。40代に行った大雪山（たいせつ）～トムラウシ山の縦走は、いくら歩いてもだだっ広さの連続で、コスパの低さが北海道の山への偏見となった。

年齢とともに、西上州で得た「コスパの高さ」という基準と、山麓グルメが比重を増してくる。これまでも西上州と並行して越後や会津の山々に親しんできたが、山は無限で、標高を下げれば雪山でも存分に楽しめる。人け少なく、コスパ高く、山麓も楽しめる寂名山（じゃくめいざん）を探索する心は、未知の山域へと大きく広がっていくのだ。

大東岳

中級

宮城県

ナメの沢をヒタヒタ歩き、二口山塊最高峰へ

きっかけは大行沢だった。『山と溪谷』など雑誌にもかなり前から登場し、樹林の中に穏やかなナメが続く美しい沢で、流水の感触に長らく憧れていた。そんな思いに火を付けたのは『山と溪谷』２０１９年7月号の「北石橋」。大行沢の支流奥に潜む奇景は「水流が岩壁を穿ってできた天然の石のアーチ」とのこと。大行沢を歩いて北石橋を見物し、ついでに二口山塊最高峰の大東岳に登ろうと計画を立てた。ナメを歩くなら沢タビが必要で、行程的に途中の樋の沢避難小屋泊まりとなる。沢は久しぶりで、沢タビは海や川で孫と遊ぶときに使うのみ。避難小屋には20年以上泊まっていない。70超えの身にはさすがに不安要素が大きく、数人を誘ったが、皆ダメで単独となった。

２０１９年8月1日、6時30分に車で出発。東北道を村田ＩＣで下り、秋保ビジターセンターには昼前に着いた。途中の秋保温泉は仙台の奥座敷と呼ばれ、古くから山形県天童市の山寺で有名な立石寺と二口峠越えで結ばれる。大行沢はその二口街道のある名取川支流で、左岸沿いに大東岳裏コースが延びている。大行沢はよく調べると、下部は巨石や厄介な滝が多いらしい。裏コースを歩いて分岐から北石橋を往復し、大ナメを堪能して避難小屋に泊まるつもりだ。

駐車場のある登山口から小行沢を渡ると緑したたる山道だ。しかし白滝入口を過ぎると沢へ下る

踏み跡が乱れて右往左往。明瞭な道に戻ると雨滝はすぐで、崖上から霧状に降り注ぐその姿は、わが西上州の威怒牟畿不動を思わせた。仙台森林管理署の道標は心強く続き、京渕沢を渡る。奥には落差70mの大東滝を擁し、大東岳へ突き上げる山塊屈指の沢らしい。手すりや鎖もある山腹道で、北石橋分岐には15時30分着。北石橋への往復はガイド記事で1時間以上だが、私のペースではそれを大きく上回る。軟弱変更への決断は早く、沢タビに履き替え、じゃぶじゃぶと大行沢に進んだ。浅い沢床をヒタヒタ歩く感触は久々で水流の抵抗が心地よい。沢幅いっぱいの小滝は容易に越え、1時間ほどのいいとこ取りは快適に終えた。

一人ぼっちの避難小屋は不気味だが、迎えた朝は快晴。計画は樋ノ沢を登り権現様峠から大東岳へと壮大だが、またも即座の軟弱変更で裏コースへ。ヤマアジサイ鮮やかな沢道からブナ林の尾根を登り、弥吉ころばしに出ると今回初めての大展望。小東岳や蔵王連峰を見渡すが、まったくなじみのない山々だ。しかし山座同定する心の余裕はなく、そそくさと山頂へ。明るい灌木帯から躍り出た大東岳頂上には一等三角点が埋まり、北東に展望が大きい。船形山、面白山など名前しか知らぬ山々だが、その末端には今回おまけの泉ヶ岳が。山頂で私を追い越した若者は、5時に登山口を出たが、やはり私と同じ場所で迷ったそうだ。

下る表コースは裏より明瞭で歩きやすい。１０１９ｍ標高点に堂々と立つ「標高点１０２７ｍ」の道標には当惑した。五合目で尾根を外れた道は沢沿いとなり、広い平坦地の立石沢でほっとする。小行沢を渡り進むあたりでカップルに追い越されたが、どうやら大東岳は日帰りの山らしい。秋保大滝を見物して秋保温泉の共同浴場で汗を流し、泉ヶ岳登山口駐車場へと車を走らせた。

車中泊の翌日も好天で、仙台市民に親しまれる泉ヶ岳と北泉ヶ岳へ。展望は少ないが二等、三等と三角点があり、今回の山旅は三角点マニアも喜びそう。好天に恵まれた3日間、初めて訪れた二口山塊は、避難小屋泊の装備と濡れた沢タビに喘いだが、年齢相応の挑戦を満喫できたのだった。

大東岳

登山適期 6～10月

参考コースタイム

1日目：計3時間25分

登山口駐車場（1時間）雨滝（1時間25分）北石橋分岐（大行沢1時間）樋の沢避難小屋

2日目：計4時間50分

樋の沢避難小屋（1時間40分）弥吉ころばし（25分）大東岳（1時間）道標「標高点1027m」（1時間）立石沢道標（45分）登山口駐車場

アドバイス

北石橋分岐から樋の沢避難小屋までは、登山道なら20分ほど。避難小屋手前に水場はあるが、トイレはない。白滝入口から雨滝までは大行沢へ下る踏み跡が多い。分岐は山側にとればよさそうだ。弁当、食料などは村田IC近くのコンビニ「デイリーヤマザキ」がおすすめ。

マイカー

東北道村田ICから秋保温泉を経て約1時間で登山口。駐車場あり（無料、約10台）。

問合せ先

秋保ビジターセンター
TEL022-399-2324

大東岳はアクセスの車道から正面に見上げられる、宮城の名山だ

日帰り温泉情報

秋保温泉共同浴場

銭湯感覚の温泉で、湯温は熱めだが神経痛、腰痛に効くと評判を呼ぶ名湯。

- 入浴料300円
- 宮城県仙台市太白区秋保町湯元薬師100
- TEL022-398-2774

駐車場は向かって左の少し先

大東岳
権現様峠
面白山
大東岳
1366m
一等三角点1365.4m
北東の展望
泉ヶ岳、船形山、面白山方面
0:25
西方に
大展望
山頂を
見上げる
ロープ、鎖
尾根上
小平地
樋の沢
避難小屋
1:40
裏コース
両門ノ滝
枝沢を登る
浅い階段状のナメ
登山道
この間は沢タビ
に履き替え、
ナメの感触を堪能
1:00
3m幅広の滝
右側を登る
北石橋
北石橋分岐
2m緩い滝
右端を登る
九合目 すぐ下に 鼻こすり
東清水分岐
ロープ
1:00
表コース
七合目
弥吉ころばし
小東岳や蔵王の
山々を見渡す
標高点1027m ※標高数字は間違い
鹿打林道分岐
六合目
五合目
四合目
1:00
三合目
立石沢 広い平坦地
二合目
左岸へ渡る
0:45
小行沢
小行沢
宮城県
仙台市太白区
N
0
1:33,000
500m
2万5000分ノ1地形図
作並
滑床沢
ケヤキ沢
おどげ坂
沢への下降路あり
0:50
手すりと鎖
尾根を越える
京渕沢
梯子滝
0:35
大行沢
裏磐司展望台
ベンチあり
雨滝
0:15
白滝入口
0:45
この間、沢へ下る
踏み跡が多く、わかりにくい。
タイムは迷わない場合のもの
駒止の滝
壊れた橋
橋の手前が
車道終点
秋保ビジターセンター
二口
本小屋
登山口
10台
START
GOAL
名取川
仙台南IC、秋保温泉、愛子駅→
二口峠、天童市←

祝瓶山

中級

［山形県］

遠くから憧れた尖峰は、登ると意外に穏やかだった

祝瓶山は朝日連峰南端のトンガリ山だ。連峰主峰の大朝日岳をはじめ、より高い山々が周囲を圧するなかで、小さいがキリリと突き立つその山容は、下越の山々から、気になる存在だった。

初めて向かったのは2018年7月半ば。東麓の長井市にある祝瓶山荘を起点にした周回コース。しかし山荘へ至る野川林道は通行止め。事前の準備不足を反省しつつ、同じ登山地図内にある葉山に転進した。白兎コースの往復で、尾根道は美しいブナ林が続くものの変化には乏しい。けれど山頂から少し先の奥の院にはすばらしい展望が待っていた。めざした祝瓶山が、荒々しくも端正なその三角錐を、天に向かって突き上げていたのだ。

出直したのは翌2019年の10月上旬。崩壊などで通行止めが多い祝瓶山荘コースでなく、通行止めはほとんどない小国町側、鈴振尾根の往復だ。アクセス途中には短時間で登れる徳網山があり、ここも祝瓶山の展望がよさそう。初日に徳網山を、翌日に祝瓶山を登るプランとした。

朝、自宅を出て、昼前には徳網山登山口の駐車場。ややわかりにくく、そこから始まる登山道も草深い。けれどブナのみごとな尾根道は明瞭で、2時間弱で山頂だ。朝日連峰や下越の山々、飯豊連峰などの展望は大きいが、肝心の祝瓶山は……。明日登る鈴振尾根を確認できたが吊尾根状のそれは迫力を欠き、目前の白太郎山に下半身を隠され

て、鋭鋒は趣を変えていた。その夜は少し戻ったところの民宿「さいとう」に泊まる。素朴な料理はうまいものの、ボリュームは満点すぎた。

　祝瓶山への針生平（はんなりだいら）登山口は明瞭で、トイレもあった。荒川を渡る大石橋は、踏板が片側だけの吊橋だ。しかしその先の登山道は明瞭で、大朝日岳への道を分けると、尾根上いきなりの急登となった。逗子から来たという単独の中年女性がさっさと追い越していく。すぐ上で大朝日岳が姿を見せたが、まだまだ序の口。水場の鞍部から木の根が多い道を登ると小さな裸地に出て、目前に一の塔が鋭い。しかし吊尾根の先に高まる祝瓶山頂は意外なだらかさ。一息入れていると地元の中年男性に追い抜かれた。８１７ｍピークで間近にそそり立つ一の塔を見上げると最後の鞍部だ。

　ひたすら単調な登りが９００ｍを超えたあたりから、祝瓶山から大朝日岳へ続く尾根筋や西朝日岳、そして以東（いとう）岳へのパノラマが広がってくる。樹高が低くなり、わずかな岩場を登ると一の塔の道標が立っていた。胸突く急登はここまでで、あとは穏やかな稜線漫歩、のはず。紅葉が進む山肌の先に山頂が手招いている。

　しかし甘かった。山頂と思ったピークの左奥に黒々と怪異な岩頭がせり上がる。黒々は地形図にもある山頂北面の岩壁で、日陰のそれは、澄みきった日差しに輝く紅葉の斜面と強烈なコントラストをなしていた。ニセピークの腹で大朝日岳への縦走路を分け、やせてきた岩交じりの尾根を登ると宿願の祝瓶山頂上に着いた。周囲が切れ落ち、さえぎるものなく天空に突き出たここは、「頂上コンテスト」で金賞モノだ。朝日連峰の全貌と、鷲（わし）ヶ巣（す）山、光兎（こうさぎ）山など下越の山々。二王子（にのうじ）岳左の飯豊連峰には梅花皮（かいらぎ）沢の雪渓もわかる。これらは皆登っていた。磐梯（ばんだい）山、吾妻（あづま）山、蔵王（ざおう）の山々は未踏だが、長い平頂の長井葉山は昨年の記憶が新しい。逗子の女性、地元の男性は私と入れ替わりに下り、独占した山頂で存分に浸る幸福感。

　下山後の河原で顔を洗い、上半身を拭いて着替えれば、温泉入浴は不要だ。スローペースながらこの先にもまだ期待できる、73歳の秋であった。

祝瓶山

登山適期 6〜10月

参考コースタイム

計5時間35分

針生平登山口（20分）大朝日岳分岐（2時間15分）一の塔（40分）祝瓶山（35分）一の塔（1時間45分）登山口

アドバイス

徳網山は「行きがけの駄賃」にピッタリの山。五味沢から針生平登山口へ向かうとスッキリした鋭鋒が現われる。祝瓶山か!と心弾むが徳網山だ。樋倉橋を渡った車道が右カーブする地点で左の林道へ。右折すると終点に数台の駐車場がある徳網山登山口で、登山道の案内看板もある。

マイカー

東北中央道米沢中央ICから約1時間50分で針生平登山口。駐車場数台（無料）。

問合せ先

小国町役場TEL0238-62-2111

周囲の切れ落ちた祝瓶山頂は、大朝日岳などの大展望台

大石橋は行く手の不安をかき立てる吊橋だった

宿泊情報

民宿 さいとう

工事関係者に利用される宿で、一人部屋が多い。清潔で気さくだ。

▶ 山形県西置賜郡小国町五味沢1085
▶ TEL0238-67-2423

豪華ではないが、味とボリュームに圧倒された

祝瓶山

大朝日岳
大朝日岳分岐
角楢小屋
荒川
五味沢、小国駅、民宿「さいとう」↓
START
GOAL
針生平
登山口
P 6台
WC
0:20
沢渡る
0:30
0:20
水場入口の鞍部
赤テープのみ
大朝日岳を
遠くに望む
使えぬ小屋
祝瓶山を望む裸地
目立つ尖峰は一の塔
飛び石で徒渉
大石橋は踏み板が
片側だけの吊橋
岩井沢
一の塔を見上げる
817m
最後の鞍部
1:45
1:05
大朝日岳〜以東岳の
パノラマが広がる
大石沢
一の塔 あり
1239m
森林限界
この辺から上は
低木帯となる
本当の山頂が
見える
0:25
0:20
大朝日岳
山形県
小国町
長井市
ニセピーク
登山道は
東山腹を巻く
大朝日岳分岐
0:15
祝瓶山
1417m
祝瓶山荘
大朝日岳をはじめとした
朝日連峰、蔵王、鷲ヶ巣山、
磐梯山など三六〇度の大展望
N
0 1:25,000 500m
2万5000分ノ1地形図
徳網・羽前葉山

三陸南部の低山をめぐる

石上山・五葉山

当初の予定は、山形県の酒田・鶴岡市近辺の低山めぐりだった。越後の山々には長らく親しんでいたが、近年はもう少し先の山形県、庄内地方へと足が向く。見知らぬ山への好奇心ばかりでなく、山麓の味、とりわけ鮨のうまさはどの店もハイレベルで、しかも安い。

酒田港で買った京都のお茶も再訪を促した。

雪の低山を求め、胎蔵山、経ヶ蔵山、藤倉山などへ、2月に向かったが、連日の降雪。2時間ほどの金峯山のみに登り、山麓グルメだけ楽しんだ。

紅葉を期待してその秋に再び同じプラン。直前の天気予報だと日本海側は連日雨だった。だが太平洋側に雨マークはない。マイカーで妻との二人旅なら、こんなときの対応は容易で急転の大変更。太平洋側の低山を探す。土地勘はなく、まずは『東北百名山』(山と溪谷社)を広げた。登りやすく展望のよい短時間の山。それで決めたのが岩手県の六角牛山、五葉山、氷上山だ。しかし直前に役場へ道の状況を確認すると、六角牛山はアクセス車道が台風被害で通行不能。石上山に変更した。地形図を買いに行く時間はない。PCで出力した地理院地図と道路地図、カーナビだけで出発した。

三陸南部マップ
盛岡駅
宮古駅
田沢湖
JR田沢湖線
秋田新幹線
JR山田線
角館駅
東北自動車道
岩手県
三陸鉄道リアス線
石上山
山田
大曲駅
新花巻駅
道の駅「遠野 風の丘」
花巻駅
大槌
遠野駅
秋田県
横手駅
JR北上線
JR釜石線
釜石駅
北上駅
秋田自動車道
JR奥羽本線
五葉山
釜石 平治旅館
焼石岳
湯沢駅
水沢江刺駅
氷上山
（登らなかった）
盛駅
山形屋
玉乃湯
大船渡
平泉前沢IC
東北新幹線
一ノ関駅
気仙沼駅
東日本大震災
津波伝承館
広田湾
栗駒山
JR大船渡線
気仙沼
道の駅「むろね」
若柳金成IC
新庄駅
JR陸羽東線
くりこま高原駅
JR東北本線
山形県
JR奥羽本線・山形新幹線
前谷地駅
柳津駅
古川駅
北上川
宮城県
JR石巻線
石巻駅
女川駅
小牛田駅
村山駅
東北自動車道
JR仙石線
石巻
天童駅
牡鹿半島
石巻湾
利府駅
JR仙山線
広瀬川
仙台
仙台駅
山形駅
山形自動車道
仙台湾
名取駅
鎌倉温泉
村田IC
岩沼駅
阿武隈川
白石蔵王駅
JR常磐線
阿武隈急行
飯坂温泉駅
常磐自動車道
相馬駅
福島駅
福島県
東京↓
N
1:1,260,000
0
50km

石上山（いしがみ）

中級

鎖とハシゴが意外に手ごわい、遠野の霊山

［岩手県］

道の駅「遠野風の丘」を前夜カーナビにセットして家を出る。カーナビを使うとバカになると言っていた私だが、新車には、70歳を過ぎたからバカになってもいいやと付けたのだ。ナビ任せで東北道を平泉前沢ICで降り、その先はちんぷんかんぷんながら無事目的地に着く。自分の軌跡が不明なのは山ヤの沽券に関わるが、水沢、人首（ひとかべ）、田瀬（たせ）湖など通過点の地名が記憶に残った。後で調べると陸羽（りくう）街道、盛（さかり）街道と走り、釜石街道（国道283号）に合流とわかり、スッキリした。

遠野といえば柳田国男の『遠野物語』。そこには北の早池峰（はやちね）が最も秀で、東に六角牛（ろっこうし）、石神（いしがみ）（石上）は「その高さ前の二つより劣れり」と遠野三山が記される。三姉妹が就寝中、胸に霊華が降りた者によい山を与えようと母の女神は告げて寝た。霊華は長姉に降りたが、気づいた末娘がひそかに自分の胸へ移して早池峰をゲット。2人の姉は六角牛と石神を得たそうだ。これとは無関係だが、妻は三姉妹の末娘だ。ちょっとかわいそうな石上山だが、三山信仰の霊山で、古くは修験道の行場でもあった。山麓には石上神社が祭られる。

2019年11月9日。車から起き出すと、雲間に青空がのぞく空の下、遠野の田園風景が穏やかだ。「夢咲き茶屋」が8時に開くのを待って、おにぎりと、初めての「きりせんしょ」を昼食用に調達。明瞭な案内板の立つ石上山登山口へ。

広い里道が木立に入ると三角形の婆石（ばばいし）が。巫女が女人禁制を破って登ったところ暴風雨が起き、吹き飛ばされて石になったとか。林道を横切り簡素な鳥居をくぐった道は自然林の中、小沢を渡りつつ次第に細くなる。「馬止め」で道は分かれるが、行きは右の不動岩経由へ。ホオをはじめ大きな落ち葉が散乱する道が沢沿いになると、階段状の緩やかなナメ滝が現われた。「不動岩（幻の滝）」と道標の立つ中段を右岸に渡るとわずかで、分かれた道に合わさった。葉を落としたブナ林にササの下生えが美しい道は、次第に傾斜を増して露岩も現われる。登り着いた岩棚で、おにぎりときりせんしょ。きりせんしょは米粉にクルミやゴマを練り込んだ餅菓子で、ほの甘くて食べやすい。おいしくて腹もちよい秀逸な行動食だ。

登るほどにガスは濃くなり、「刃（やいば）納めの岩」あたりから険悪な雰囲気。鎖を登ると「中之堂」で、迂回路がお堂の脇から分かれるが、踏み跡は薄い。すぐ左手のハシゴは10mほどだが、そのまま登り、鎖をたぐるとさらに長く急なハシゴが現われた。妻をロープで確保し登ったが、このハシゴは中間が岩に固定されていないので、腕に力を入れると後ろに倒れそうで怖い。ハシゴを岩に押さえつけるようにして登った。突き立つ兜岩を過ぎると「石上大神」の石碑が岩上に立つ北峰だ。頂上はまだ先で、屋根の壊れた石祠の脇から岩場を下る。やせた木立の尾根を上下し、カメ岩を過ぎると頂上はじきだった。一等三角点が置かれる灌木の山頂からは、早池峰山、五葉（ごよう）山、六角牛山などを見渡せる……はずだが今はガスの中。石祠などは見当たらず、北峰が奥宮なのだろうか。

妻をビレイしつつ戻ったが、往復ともに約3時間。案内板では片道1時間15分だから倍以上かかっている。帰路に寄った石上神社は里宮で、例の三姫母親の女神が祭られる遠野市来内（らいない）の伊豆権現と石上山頂を結ぶ直線上にあるという。早池峰山、六角牛山も伊豆権現と山頂を結ぶ線上に里宮があるそうだ。石上神社から見上げる石上山は、あんな岩場があると思えぬ穏やかな山容を、のどかな谷間（たにあい）に横たえていた。

石上山

登山適期 5〜11月

参考コースタイム

計6時間5分

石上山登山口（1時間）馬止め（不動滝経由1時間50分）北峰（20分）石上山（20分）北峰（1時間50分）馬止め（45分）登山口

アドバイス

釜石街道から登山口へ向かう角にコンビニがある。登山道はわかりやすく整備され、上部の鎖、ハシゴ以外は特に気を使うところはない。不動岩は「不動滝」「幻の滝」など呼び方はいろいろだ。コースタイムは妻をロープで確保した時間も含む。

マイカー

東北道平泉前沢ICから約1時間20分で石上山登山口。駐車場あり（無料、数台）。

問合せ先

遠野市役所℡0198-62-2111

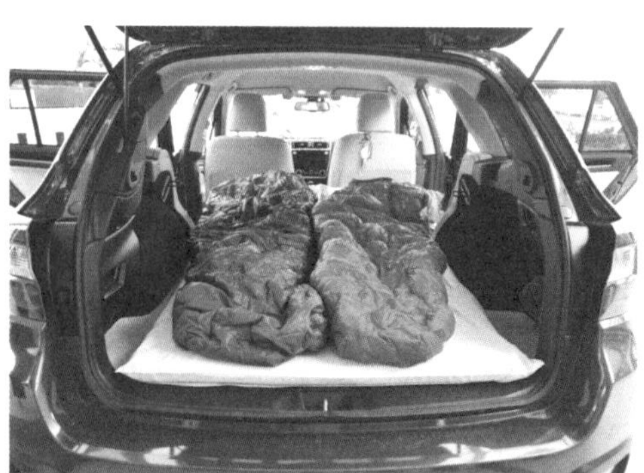

「トゥルースリーパー」は荷室全面にピッタリ広がり、小さく丸めて収納できる

立ち寄り情報

道の駅「遠野 風の丘」
［休憩・土産・弁当］

夢咲き茶屋では、おにぎり、きりせんしょ（餅菓子）、おでんが秀逸。

▶ 岩手県遠野市綾織町新里8地割2-1
▶ ℡0198-62-0888

宿泊情報

平治（ひらじ）旅館

街なかの広い国道に面し、道路より奥に建物がある。駐車場は裏の細道に入る。

▶ 岩手県釜石市中妻町1-20-31
▶ ℡0193-23-5805

まごころのこもった料理にホッとする

石上山
1006m
北峰
「石上大神」石碑
兜岩
中之堂
刃納めの岩
岩棚上
休憩適地
岩塊交じりの稜線を
上下する
0:20
1:50
長く急で
不安定な鉄ハシゴ
不動岩横断
幻の滝下
馬止め ありあり
水場
幻の滝コース
合流点
カメ岩
石上山
1037m
灌木に
囲まれた山頂
沢渡る
朽ちた丸木橋
0:40
0:30
林道横断
鳥居をくぐる
廃車あり
岩手県
遠野市
婆石
木立の中の三角岩
0:20
0:15
案内図あり
石神山登山口
START GOAL
8台
砂子沢川
釜石街道、
遠野市街
0 1:16,000 200m
2万5000分ノ1地形図
上宮守

五葉山

岩手県

アクセス林道が核心部だった、北上山地の名山

五葉山は薮岩山でも寂名山でもない。江戸時代、伊達藩の主に軍事上の木材を供給する御用山が、五葉山と記されるようになったといわれる。稜線には神社があり登山道には石祠などが多く、信仰登山で栄え、今でも多くの登山者を迎える山だ。しかし、登山口へのアクセス林道はこの山旅中、最もハイリスクな核心部であった。

石上山からの下山後はこの日の宿の釜石へ。東日本大震災からの復旧が進むのは喜ばしいが、地図もカーナビも、車道の新設に追いつかない。ナビでは海上を走っている高速道路を勘で降り、無事この夜の宿にたどり着く。津波被害を奇跡的に逃れた立地の平治旅館は、昔ながらの街なかの商人宿。値段なりに満足だったが、さらに翌朝。昼食おにぎりを注文したところ、やっていないとのことながらも、ご飯をわざわざ炊いて、サービスで持たせてくれた。

五葉山登山口の赤坂峠へは釜石市、大船渡市から数本の車道がある。道路状況を釜石市に聞くと「トウニからはダメだが、オキライからだと四駆車なら行ける」。唐丹と越喜来は地図でわかったが、迂闊にも大船渡市への確認はしなかった。

真新しい三陸道の三陸ICには「五葉山」を示す道標があり、ナビの指示も一致。降りた一般道にも道標はあるが道は谷から尾根へと上るほどに狭く、顕著な尾根を越えるとまた谷へ。不審なが

ら進むと「もりの学び舎」なる建物が現われ、道を聞けば「その車なら大丈夫でしょう」。少し先で左に「悪路」と書かれたダートの林道へ、ゲートロープを脱着して入る。私の車は四輪駆動で、これまでもラフロードの走行経験は豊富だ。しかしここから赤坂峠までの3㎞、30分は地獄の緊張だった。路面の凹凸も幅も傾斜も、走行不能とは思えぬが、それゆえどんどん進んでしまう。しかしすれ違い不能で万一のバックは極めて困難。途中で止めると再発進はスリップの危険がある。慎重かつ微妙なハンドルさばきに息をつめ、赤坂峠に躍り出ると、そこは数十台が並ぶ大駐車場。大船渡市街地からのよい舗装路があり、私が来たのは越喜来からの道だったと判明した。

　五葉山は、整備の行き届いた歩きやすい山だ。赤坂峠でもう山頂を望め、賽の河原ではカラマツの黄葉を前景にゆったりした山容が手招く。四合目の畳石で鳥居をくぐると傾斜は増すが、ササと冬木立の尾根道は歩きよい。自然石や石祠の祭られるお社を眺め、傾斜が緩む九合目を過ぎ寒くなると避難小屋が現われた。初夏にはハクサンシャクナゲがみごとなことから名付けられた石楠花(しゃくなげ)荘で、地元山岳会の方がストーブを焚いていてくれた。大勢の登山者と共に恩恵にあずかり、平治旅館サービスのおにぎりを開く。キノコの煮つけや白菜漬けも添えられ、感謝感激でおいしく平らげた。

　すぐ上が稜線で日枝神社が祭られる。ハイマツの尾根道には説明板で知ったミネヤナギが。一等三角点の五葉山頂上からは北に早池峰(はやちね)山を望むことができた。手前は六角牛(ろっこうし)山だろう。さらに進みコメツガの原生林に入ると、日の出岩が突き立っている。岩上からの展望は山頂と同様だが、岩頭の梵字のような刻みはなんだろう?

　帰りは大船渡湾を見下ろして下る。無数の岩脈が複雑に海へ張り出す、典型的なリアス式海岸だ。右手の小さなピラミッドは明日予定の氷上山か。

　赤坂峠から大船渡市街地への下りは「すごく狭いですよ」と脅かされたが、往路に比べればなんともない。1時間少々で2晩目の宿、陸前高田(りくぜんたかた)市の旅館「玉乃湯」に車を止めた。

五葉山

登山適期 5〜11月

参考コースタイム

計4時間15分

赤坂峠（1時間）畳石（1時間10分）石楠花荘（20分）五葉山〈日の出岩往復20分〉（15分）石楠花荘（30分）畳石（40分）赤坂峠

アドバイス

中級のカテゴリーに入れたが、本コースは初級。しかし赤坂峠へのアクセスは、私の取った大船渡市三陸町越喜来からの道はおすすめできない。大船渡市街地から鷹生ダム（五葉湖）を通る県道193号がよい。時間と天候次第で、日枝神社から南西へ五葉山神社（往復40分）、黒岩（往復1時間30分）の稜線漫歩が楽しそうだ。

マイカー

三陸道大船渡ICから約50分で赤坂峠。広い無料駐車場にはトイレもあり。

問合せ先

大船渡市役所℡0192-27-3111

宿泊情報

玉乃湯

金山から湧き出た霊泉の宿で、氷上山中央登山道入口への送迎を頼める。

▶ 岩手県陸前高田市竹駒町字上壺104-8
▶ ℡0192-55-6866

多彩な海の幸はもちろん、豚しゃぶも食膳をにぎわす玉乃湯の夕食

カラマツ林を抜けると、大船渡の海岸線を見渡せる

五葉山
N
1:19,000
0
500m
2万5000分ノ1地形図
五葉山・盛
住田町
五葉山神社、黒岩
日の出岩
1351m
0:10
コメツガ原生林に入る
五葉山
1340m
ハイマツの稜線、好展望
0:15
0:20
日枝神社
石楠花荘（避難小屋）
大船渡湾を見下ろす
九合目、小屋が見える
八合目
鳥居のある小祠
自然石の小祠
七合目
0:30
1:10
平らな岩
六合目
五合目
鳥居
四合目畳石
ベンチのある小平地
岩手県
釜石市
釜石南IC、
唐丹町
（崩壊、通行止めだった）
1:00
0:40
賽の河原
五葉山を見上げる
展望地
大船渡方面を見渡す
大沢
鳥居
赤坂峠
三陸IC、越喜来からの
この林道走行が
五葉山の核心部だった
大船渡市
193
START
GOAL
約40台
五葉山頂上が見える
鷹生ダム経由、
大船渡市街、
大船渡IC
三陸IC、
越喜来

三陸南部の山旅
下山後の出会い

11月11日は氷上(ひかみ)山の予定だが、雨が目前の空なので山は即中止。海へ下ると、見渡す大平原は津波被害の復旧工事現場だ。廃墟となった旧道の駅近くには「高田松原津波復興祈念公園」が整備中で、「東日本大震災津波伝承館」がオープン。「奇跡の一本松」も間近だった。巨大災害被災地への訪れは、人様の不幸を自分の楽しみとする野次馬根性と遠慮していたが、現状を知ることは必要と、行ってみて思い直した。

新しい道の駅「高田松原」で海鮮丼の昼食後、帰途につく。気仙沼(けせんぬま)から一関(いちのせき)へ向かう国道に「幻の焼酎 エルシド」の看板。エル・シドは古いスペインの英雄と二人とも知ってはいたが、それがなんで幻の焼酎に？　走りつつ気になり、沿道の酒店数軒に寄ったがどこも扱いなし。ますます気になりスマホで検索すると、30分ほど戻った山形屋が販売元で、そこだけで買える。即Uターン。運転の私は香りだけだが、品のよさに魅了された。とうもろこし焼酎をブランデー樽で熟成させたそうだ。一升瓶を買い、ナビ任せで3晩目の宿、鎌倉温泉へ向かった。

東北道村田ICから15分ほどの鎌倉温泉は大正期の建物が郷愁を誘う。料理、部屋、風呂など個性さまざまながら誠意と廉価の宿3軒は、上天気といえない山旅の明るい印象となった。帰宅後、「エルシド」を2回注文。ほかの焼酎は買わなくなった。そして映画『エル・シド』のDVDも買ってしまった。下山後の出会いは広く深い。

Uターンして買った焼酎「エルシド」

立ち寄り情報

東日本大震災津波伝承館
［見学・食事・土産］
▶ 岩手県陸前高田市気仙町字土手影180
▶ TEL0192-47-4455

有限会社 山形屋
［酒店］
▶ 岩手県一関市千厩町奥玉字払川32
▶ TEL0191-56-2114

宿泊情報

鎌倉温泉
▶ 宮城県刈田郡蔵王町大字平沢字鎌倉沢102
▶ TEL0224-33-2533

上級

登山道が皆無の山。
あってもかすかで道探しが難しい山。
あっても急峻な山稜・岩壁を、
固定ロープや鎖に頼って登降する山。
場合によってはロープなどの登攀具と
それを使える技術が必要だが、
クリアすれば山は深く広がる。

金岳

ザレた岩稜にルートを探る、500m級の藪岩山

［埼玉県］

奥武蔵北端の城峯山から南へ、石間川と阿熊川を分ける尾根の下部に、5つの岩頭を並べるのが金岳だ。金岳を知ったのは新ハイキングクラブ浦和支部による『みんなで歩いた埼玉百山』。山が多いようで少ない埼玉なのによくぞ100も、と感心しつつ眺めていると険悪そうな岩峰を発見。自著『分県登山ガイド 埼玉県の山』(山と溪谷社)の大改訂にあたり、未知のおもしろそうな山を探していたときだった。

さっそく向かったのは2015年5月13日。途中立ち寄る道の駅「龍勢会館」には、農民ロケット「龍勢」や1884(明治17)年の秩父事件に関する展示もあるが、残念ながら見物時間はない。

阿熊川沿いの阿熊観光トイレ駐車場が出発点だ。

岩崎神社の脇から登る簡易舗装の山道が車道に出たところは室久保集落で、西に連なるギザギザが金岳のようだが、小さく樹木に覆われ迫力は薄い。車道終点には「粟野へ」と示す道標が立ち、幸先がよかった。雑木林から竹林を抜ける山腹道は次第にか細くなるが、迷うことなく峠に着く。北への尾根は粟野山から城峰山へと高まり、南は金岳へと続く。この日は興味に任せて粟野集落に近い尾根から粟野山を周回したが、粟野山の三角点は確認したものの、植林藪にルートを探るばかり。人様におすすめしたいとは思わなかった。

峠から南へ尾根を行くと10mほどの岩壁に突き

当たる。左の岩根沿いにかすかな踏み跡を行き、泥と木立の尾根を登ると樹林の稜線で、すぐ右が木立の岩頭Ｐ５だ。南に尾根を下り現われた同様な岩壁は、これも左の岩裾へ。岩壁の切れ目から泥岩ルンゼを登り右手に行けば稜線だ。右へ20mほど岩場を登りＰ４に立てば、目前にＰ３が樹木をまといながらも鋭い。コルからルンゼ源頭をトラバースし、Ｐ３基部から往復するピナクルではＰ４の岩場がよく見えた。Ｐ３へはザレ泥薮のヤセ岩稜で踏み跡皆無だが、登り出ると最高の展望が広がった。秩父盆地を隔てた武甲山から奥秩父、両神山。背後にはＰ４、Ｐ５の奥に粟野山、右奥に電波塔が目印の城峰山がゆったりと。山頂らしさにあふれたピークだった。しかし目前に低いＰ２へはかなりのヤセ岩稜で、確保するパートナーが欲しい。Ｐ３を最終到達点とし、『埼玉県の山』には「道なし」のタグを付けて掲載した。

　Ｐ２への未練に火をつけたのは古い西上州仲間の神原俊作氏。彼もＰ３まで登っていて、Ｐ２への縦走に私を誘ったのだ。２０１８年４月、道の駅「龍勢会館」に集合。５ピークを縦走のつもりで、彼の車を下山予定地の林道宮沢線終点にデポ。阿熊観光トイレから前回同様の道を行く。Ｐ４には「金岳５１１ｍ」と新しい道標はあったが５１１ｍはＰ２の標高点だ。

　Ｐ３でハーネスをつけ、Ｐ２へ向かってはド急な岩ザレ斜面を灌木頼りのクライムダウン。ナイフリッジを慎重に通過すると、その先は切れ落ちた崖だ。指ほどの太さの灌木を数本、スリングでタイオフして10mの懸垂下降。登り返したＰ２は木立の中ながら、Ｐ３からの下降ルートを眺められた。Ｐ２の下降も灌木伝いのクライムダウンで、またも10mの懸垂下降。ハーネスは外したあとで、肩がらみで下った。Ｐ１と思しき露岩の盛り上がりを過ぎると道らしくなるが、このまま直進するわけにはいかない。地形図をにらみつつ、この辺！と尾根を右に外れ、道なき植林斜面を滑り降りるとドンピシャリ！　神原車が待っていた。

　何年ぶりかの薮岩山だが、古い西上州仲間と歩いた探求心を満たせる一日であった。

金岳

登山適期 10〜5月

参考コースタイム

計3時間45分

阿熊観光トイレ駐車場（25分）車道終点登山口（40分）峠（25分）P5（1時間）P3（35分）P2（40分）林道終点

アドバイス

地形図に名が載る粟野集落は、秩父事件の折に蜂起の相談が行なわれたところ。主要メンバーの住む阿熊川、石間川沿いの集落からの集結に便利な場所だった。現在は無住ではあるものの耕作は続けられている。粟野山とは一帯の呼称だが、その象徴として675m三角点の山名とされている。

マイカー

関越道花園ICから道の駅「龍勢会館」を経て約45分で阿熊観光トイレ。ゲートボール場脇に数台駐車可能。

問合せ先

秩父市吉田総合支所地域振興課
TEL0494-72-6083
（山麓情報のみ）

P4から眺めるP3。最高点ではないが金岳の主峰といえよう

立ち寄り情報

道の駅「龍勢会館」

［土産・休憩・観光案内］

地場野菜などがメインだが、ピザが意外な人気。秩父事件関係、「龍勢」の展示も。

▶ 埼玉県秩父市吉田久長32
▶ TEL0494-77-0333

P4の道標にはP2の標高点数字が

金岳

石間峠、城峯山
阿熊観光トイレ
ゲートボール場
の脇に駐車
START
分岐
粟野へ 右の山道へ
室久保
植林の山腹道
0:40
一軒家
0:25
岩崎神社
粟野山675m
（道なし）
金岳を見上げる
粟野へ
車道終点登山口
阿熊集落
センター
北面の
岩根沿いを行く
峠
木立の尾根を登る
0:25
「金岳511m」とあるが511mはP2の標高、
P3とピナクルを目前に見る
P5
1:00
雑木林の平頂
地形図では551m
標石なし
P3、P4のコル
ルンゼを登る。ルート不詳
粟野（廃道状態）
P4
木立のもろい岩稜
ガレ岩場
ピナクル
もろい岩場の急下降
P4、P3を見上げる
P3
0:35
懸垂下降10m
等高線で520mのピーク
P2、武甲山、粟野山、城峯山
などの大展望
金岳
P2
懸垂下降10m
0:40
明瞭な踏み跡あり
P1
木立の中
地形図では511m
標石なし
尾根を右へ外れる
赤杭
肩状地点
踏み跡ない、山腹の急斜面
林道終点 GOAL
車デポ
阿熊川
埼玉県
秩父市
林道宮沢線
道の駅龍勢会館、
小鹿野、秩父
N
0
1:11,000
200m
2万5000分／1地形図
皆野

御堂山

林道がハイグレルートに変わった奇岩の寂峰

上級

群馬県

御堂山を特徴づけているのは、じじ岩、ばば岩だ。下仁田の街なかから国道２５４号を荒船山方面へ向かい、西牧関所跡を過ぎると右手後方に現われる。尾根上、右に突き立つ、ふんぞり返ったような爺さん。すぐ左にはお茶を捧げて従うかのような婆さん。その左の大きな四角い岩は、たんすのよう。そんな見立てから２本の奇岩峰はじじ岩、ばば岩と呼ばれ、背後の岩はたんす岩。そして左奥に高まる金字形が御堂山だ。何度か登っている御堂山だが、西の尾根続きに端正な三角形を立ち上げる雨宮山が以前から気になっていた。２０１９年秋の台風・豪雨による被害状況も気がかりだ。直後の11月半ばに足を向けた。

藤井入口バス停から東へわずかで西牧関所跡。中山道の脇往還で、本庄〜下仁田〜本宿〜和見峠を経て軽井沢の追分で中山道に合流した上州姫街道の関所跡だ。その横から北へ入る沢沿いの林道がアプローチ。いつもなら雑談しながらの道だが、豪雨のせいで、あちこち崩壊が凄まじい。林道終点付近も荒廃激しく、慎重に登山道を探るハイグレルートと化していた。かつての道は荒れた沢床となり、倒木がしばしば行く手をふさぐ。沢が狭まり、５mほどのミノ滝が現われるとほっとした。左岸を固定ロープで登ると木立の斜面へと変わり、小尾根上のじじばば分岐に着く。まずは、じじ岩、ばば岩へ往復だ。紅葉の岩稜を行き巨岩を右から巻き登ると、目前に2本の岩峰が突き立っていた。左ががば岩、右がじじ岩で、今いる岩棚はたんす岩展望台。荒船山、物語山、鹿岳なども大きく広がる、コース唯一最大の展望地だ。

分岐へ戻り尾根上を進むと山頂分岐に着く。「奴居出への下山路危険」とあるが、奴居出はすでに廃村で地形図の道記号も廃道だ。分岐からロープの急登で着いた御堂山は、三等三角点の埋まる小平地。北に樹間から妙義山を望めた。

山頂分岐から山腹道を西へ。鞍部からわずか登り返すと下宿分岐だが、顕著な目印はない。尾根上の踏み跡を拾うと行く手に雨宮山が堂々たるたたずまい。高石峠を直進すると、あっけなく雨宮山頂に着いた。南向きの古い石祠が祭られる植林の頂上だが、山名から察すると雨乞いの山だったのか。高石峠から北へ妙義山方面への峠道は絶えて久しいが、南の植林へ下る道もじきに怪しくなった。作業道に出たが錯綜と崩壊激しく、こちらも沢沿いに巨石や藪、倒木を縫うハイグレルートへと変わっていた。着いた根小屋の集落には今来たほうへ「向右中之嶽経妙義町」と大正十一年の石標が。姫街道の雰囲気漂う本宿では、レトロ感満点の嶋屋菓子店で安くてうまい餅菓子を、古月堂で「本宿どうなつ」を、土産に買った。

下宿ルートは少し前に歩いていた。下宿分岐からは南へ道のない尾根を急下降。荒れた沢身に着きわずか下れば5m滝で、右岸の岩場下降がスリリングだ。すぐ下から作業道となるが、荒れようは高石峠の道と似たり寄ったり。豪雨による荒廃で、山麓の林道歩きはいずれもハイグレード・ハイキングの世界となっていたのだった。

私より好奇心、探求心旺盛な友人が、私のこの山行後に御堂山へ登り、二つの新発見を伝えてくれた。一つは、じじばば分岐から山頂分岐への途中、南へ延びる尾根上７９０ｍ地点。もう一つは下宿分岐から西の尾根上、北西に岩記号のある７７０ｍ地点。前者では見下ろすじじばばを前景とした西上州の山々の、後者では妙義山の大パノラマが広がるという。この2地点に立ち寄れば、御堂山はいっそう輝きを増すことだろう。

御堂山

登山適期 ほぼ通年

参考コースタイム

計5時間20分

藤井入口バス停（1時間10分）ミノ滝（20分）じじばば分岐〈たんす岩展望台往復30分〉（15分）山頂分岐（15分）御堂山（10分）山頂分岐（10分）下宿分岐（30分）高石峠〈雨宮山往復20分〉（1時間10分）根小屋（30分）藤井入口バス停

［下宿ルート］計4時間10分

下宿分岐（25分）5m滝（45分）下宿（10分）藤井入口バス停

アクセス

往復：上信電鉄下仁田駅（しもにたバス18分）藤井入口バス停

※帰りは途中のバス停で乗車できる

アドバイス

御堂山は展望に乏しいが、文末の2展望地への往復が容易になれば魅力は大きく高まる。かつては国道の消防署東にあるコンビニから全容を眺められたのだが、今は消防署裏の小道から見上げることになる。作業道の崩壊は激しいとはいえ、山中に大きな危険箇所はない。

マイカー

上信越道下仁田ICから約20分で藤井入り口バス停。路肩に駐車スペースあり（無料）。

問合せ先

下仁田町観光協会TEL0274-67-7500

しもにたバス TEL0274-82-2111

下宿ルートの5m滝は慎重に。ツアーではロープを固定した

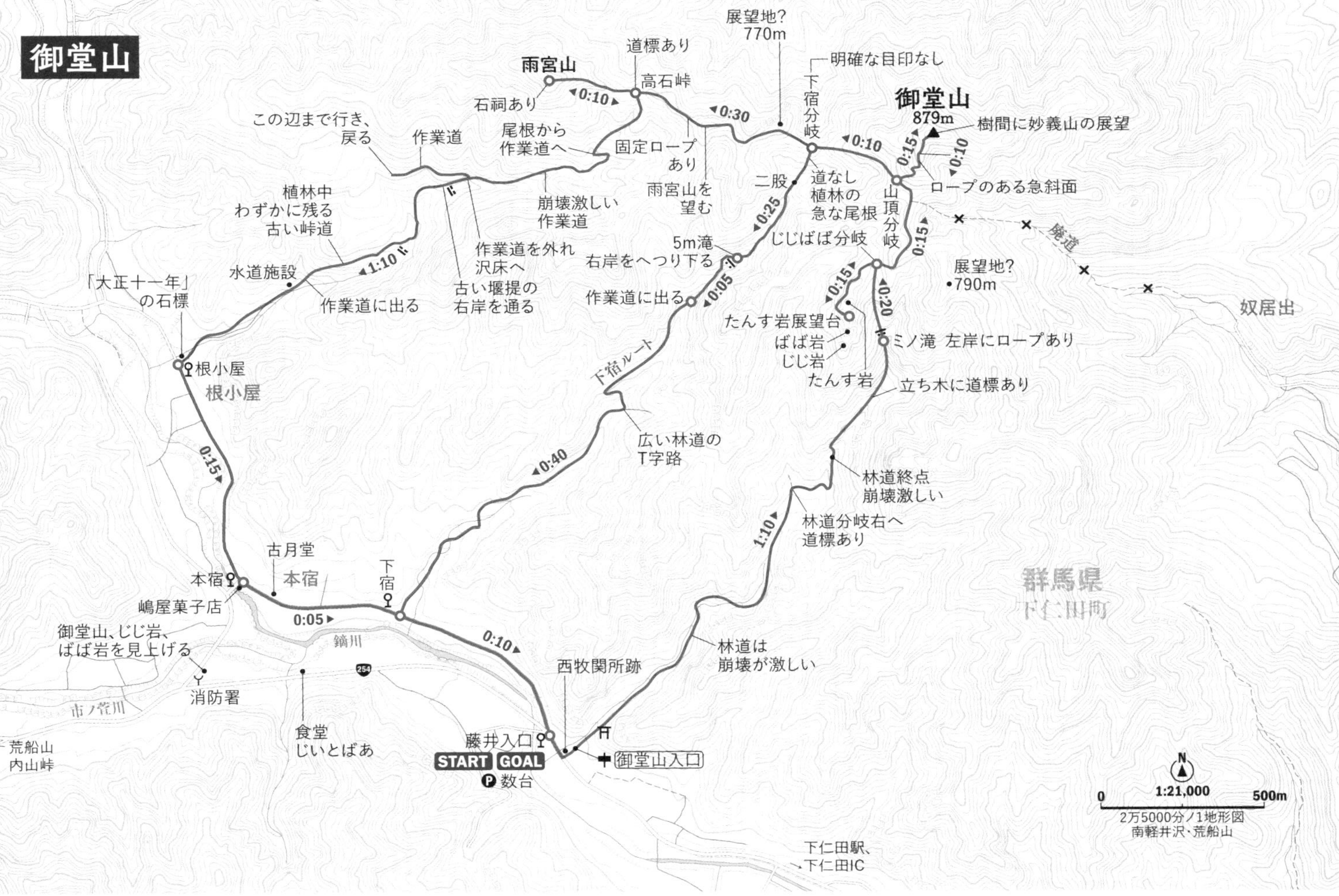

御堂山
雨宮山
石祠あり
0:10
道標あり
高石峠
展望地?
770m
明確な目印なし
下宿分岐
御堂山
879m
樹間に妙義山の展望
0:30
0:10
0:15
0:10
ロープのある急斜面
この辺まで行き、
戻る
作業道
尾根から
作業道へ
固定ロープ
あり
雨宮山を
望む
二股
道なし
植林の
急な尾根
山頂分岐
崩壊激しい
作業道
0:25
0:15
廃道
植林中
わずかに残る
古い峠道
5m滝
右岸をへつり下る
じじばば分岐
展望地?
790m
作業道を外れ
沢床へ
1:10
古い堰堤の
右岸を通る
水道施設
作業道に出る
0:15
0:05
作業道に出る
0:20
奴居出
「大正十一年」
の石標
たんす岩展望台
ばば岩
じじ岩
たんす岩
ミノ滝 左岸にロープあり
根小屋
根小屋
下宿ルート
立ち木に道標あり
広い林道の
T字路
0:40
0:15
林道終点
崩壊激しい
林道分岐右へ
道標あり
1:10
古月堂
本宿
下宿
群馬県
下仁田町
本宿
嶋屋菓子店
0:05
御堂山、じじ岩、
ばば岩を見上げる
鏑川
0:10
林道は
崩壊が激しい
254
西牧関所跡
消防署
市ノ萱川
食堂
じいとばあ
藤井入口
START GOAL
数台
御堂山入口
荒船山
内山峠
N
0
1:21,000
500m
2万5000分ノ1地形図
南軽井沢・荒船山
下仁田駅、
下仁田IC

秋葉山・ゴシュウ山

群馬県

明瞭な道はないのに、尾根上に石碑が並ぶ藪岩山

『山と溪谷』ではまず載せないマイナーな山を発信し続けた、今はなき月刊誌『新ハイキング』。藪岩山のヒントを多々いただいたが、近年、目に留まったのが西上州の秋葉山とゴシュウ山だ。何回か掲載されたが、別々の著者はそれぞれのルートを歩き、特定が困難。道形希薄な藪岩山は魅力的だが、なかなか踏み出せないでいた。

そんなある日のうれしい知らせ。山麓の馬居沢集落では毎年、秋葉山のお祭りをやるが、今年は住民以外でも参加OKと。荒船山方面から下仁田へと流れる西牧川。秋葉山はその支流、馬居沢川の奥に屹立する岩峰で、馬居沢集落では神宿るお山だ。尾根続きには一段高いゴシュウ山。お祭りで登る登山コースを探りたい、と参加した。

２０１４年4月27日、馬居沢奥の水道施設前には30人ほどが集まった。小学生から80代まで、お祭りのために帰省した人もいてにぎやかだ。沢沿いに入るが、いきなり道はない。みなさん軽装ながら、さすが山の人だけあって足運びはスムーズだ。茶髪ギャルも倒木をあっさり越えてゆく。左の尾根に出てわずか進むと作業道に出た。すぐ先で2本の御神木に注連縄を張り、進む作業道は山道と変わる。沢の近くで右山腹に取り付くと、ド急登が待っていた。足元不安定な樹林の斜面だが、じき行く手に巨大な岩窟が現われる。岩場を登り出たそこは三角穴で、虚空蔵尊や石祠が霊気を漂

わす。東に鹿岳（かなたけ）や鍬柄岳（くわがら）、大桁山（おおけた）などを見渡せた。

岩場を戻り往路を分けるところには、トラロープが目印と手がかりを兼ねている。木立の急斜面を一息で出た稜線の鞍部からは、岩場も交えた急登わずかで秋葉山頂上だ。樹林の岩峰には御嶽三座神（おんたけさんざしん）の石像や大日如来（だいにちにょらい）像などが祭られ、お祭りはクライマックスを迎える。世話役が手にしていた長い青竹の先に幣束（へいそく）をまとめた梵天（ぼんてん）を取り付け、立ち上げる。修験道とそれから派生した御嶽教、火伏の秋葉信仰と神様降臨の目印となる梵天と。おこわや御神酒も振る舞われ、狭い山頂に笑いがあふれた。北に妙義山（みょうぎ）、御堂山（みどう）、大桁山などが広がり、足元には馬居沢集落が。「あれがオレんちだ」とてんでに指さし、また盛り上がる。

帰り道は先ほどの鞍部から、登りと反対の植林斜面だ。みなさんは三々五々下っていったが、私は一人でゴシュウ山へ。南への尾根には両側の切れ落ちた岩稜があるものの、石祠や摩利支天（まりしてん）碑などたくさんの石碑が現われる。今は明瞭な道は皆無だが、かつて、よい道があったのだろうか。それにしても、巨大な石碑などをここまで運び上げる信仰心には恐れ入る。尾根なり左にカーブすると、北面が一段と大きく開け、満開のアカヤシオに彩られる岩峰に着いた。ゴシュウ山だ。五州を見渡すからといわれ、別名「仏岩（ほとけいわ）山」。北を向いて十一面観音石像が祭られていた。秋葉山より高いだけあって展望はさらに大きく、五州はキツいとしても、鹿岳、小沢（おざわ）岳、妙義山、高岩（たかいわ）、浅間（あさま）山と広がり、左端には物語（ものがたり）山も……。思い出した。物語山から鹿岳縦走（54ページ「大屋山」参照）の折、このピークに立っていたのだった。

来た道を鞍部に戻り、みなさんの後を追う。樹林の踏み跡は、じき急斜面に消え、右寄りに下ると岩壁下にはまた岩窟が。仙人窟だそうで、ここにも石碑や石仏が。次第に道らしくなり、沢を渡って林道に出ると、ゴミ集積場と見紛う覆堂に不動様が祭られる。ヤマザクラと新緑から突き出す秋葉山を見上げ、公民館で祭りの後の大宴会。お祭りのおかげでモデルコースを体得できた、歩行時間とのコスパが高い藪岩山であった。

秋葉山・ゴシュウ山

登山適期 10〜6月

参考コースタイム

計3時間15分

登山口（20分）尾根上（35分）三角穴（15分）鞍部（5分）秋葉山（5分）鞍部（30分）ゴシュウ山（25分）鞍部（50分）林道（10分）登山口

アドバイス

マイカーの場合、小河原バス停前の森平橋は通行不能。下仁田寄りの小河原橋を渡ること。三角穴へは片側が切れ落ちた岩場の登降となる。特に下りはスリップ注意。明瞭な登山道、道標は皆無で踏み跡もかすか。特に鞍部からの下山ルートは、各自が歩きやすい斜面を下るので踏み跡はできにくい。

アクセス

往復：上信電鉄下仁田駅（しもにたバス16分）小河原バス停（徒歩40分）登山口

マイカー

上信越道下仁田ICから約20分で馬居沢集落奥の登山口。150m先に駐車スペースあり（数台）。

問合せ先

下仁田町観光協会

TEL0274-67-7500（山麓情報のみ）

しもにたバスTEL0274-82-2111

石碑などが連なるゴシュウ山への尾根にはヤセ岩稜も

ゴシュウ山頂の石仏とは33年ぶりの再会

秋葉山・ゴシュウ山
小河原橋、小河原 ↗
下仁田
馬居沢
水道施設
数台
馬居沢川
START GOAL
登山口 なし445m
沢沿いの作業道へ入る
数台
0:10
堰提を右岸から越える
林道に出る
ブロック造りの
覆堂内に
不動明王石像
飛び石で徒渉
0:20
沢中のかすかな踏み跡を行く
道が現われる
尾根に出る
仙人窟
岩窟内に
石像、石碑が
祭られる
御神木
注連縄あり
作業道に出る
作業道
妙義山、馬居沢集落など
北面の大展望。
石碑、祠、石像など
多数祭られる
右手の岩根寄りに下る
群馬県
下仁田町
0:50
作業道終点
トラバース
固定ロープ
0:05
秋葉山
861m
樹林中、道のないガレ斜面を下る
沢左岸のかすかな踏み跡を行く
0:35
急登
鞍部
石祠3基東向き
0:15
大木
右手の斜面に向かい
沢から離れる
ヤセ岩稜
三角穴
岩窟に石碑、石祠が祭られる。
鹿岳、大桁山、鍬柄岳などの展望
摩利支天
白川大権現
道なし
斜面のド急登
冨士僊元神社
0:30
0:25
鹿岳、小沢岳、稲含山、浅間山、
妙義山、高岩などの大展望
石仏、石祠あり
ゴシュウ（五州）山（仏岩山）
940m
荒船山の展望
物語山、トヤ山 ↙
群馬県
南牧村
N
0
1:10,000
200m
2万5000分ノ1地形図
荒船山
鹿岳 →

星穴探勝路

群馬県

上級

谷奥に潜む怪峰の片目をめざす山腹ルート

「妙義全山縦走2日間」は低山ハイカーの私にとって、珍しくも誇りたい記録だ。といっても、その行程をすぐに理解できる人はまれだろう。妙義神社を出発し、表妙義を白雲山、金洞山とたどり、中木川源頭尾根から裏妙義の領域へ。谷急山、丁須ノ頭、御嶽を経て横川駅へ下った。

この馬蹄形縦走をワンビバークで歩いたのだが、核心部は星穴岳の通過だ。金洞山西端の星穴岳は、薄い岩稜に2つの穴が開き、信越本線の車窓から眺めると、谷奥に双眸を輝かせ片手に槍を突き立てた悪魔を思わす怪峰だ。かつては中木川から星穴新道なる登山道があり鎖が整備されていたが、女子高生の死亡事故以来閉鎖され、鎖は腐食し荒れるがままに。人跡まれで険悪極まる藪岩世界に魅了され、星穴岳へ幾度と通った30代。その仕上げが妙義全山縦走だった。星穴岳通過の折、懸垂下降で降り立った星穴に焚き火の跡。人の気配がうれしく、南の木立へかすかに下る踏み跡が記憶に残った。

近年、地元・下仁田町は中之嶽神社から星穴への踏み跡を登山道として整備しようと発案したが、諸般の事情で立ち消えに。けれどそんな話を聞いた私には、30年以上前のあの星穴から下っていた踏み跡がよみがえる。星穴岳の稜線を歩くには技術も体力も衰退している私だが、山腹の樹林斜面なら行けるんじゃないか?と足を向けた。

２０１３年８月26日、67歳の誕生日。しかし地形図に現われない小さな尾根や沢をトラバースしながらじわじわ高まる行程は、極めて読図が困難だ。時折残る古い目印を頼りになんとか星穴にたどり着き、昔の感懐に浸ることはできた。しかし帰りは道を失い、右往左往で石門方面への道に迷い出た。それが悔しく半年後に再訪するが、今度は登りで道を間違える。悔しさ募って通ううち、目印やトラロープは次第に増えて、いつしか「星穴探勝路」と立派な名前もついていた。

季刊誌『ワンダーフォーゲル』から、スリルと迫力があって、危険度はあまり高くなく、知る人少なく、楽に日帰り可能な岩山の取材依頼があった。星穴探勝路はその条件にピッタリだ。クライミング志向のアイドルが主人公の企画で、白間美瑠ちゃん（通称：みるるん）はＮＭＢ48のメンバーだ。ＮＭＢとは難波由来のネーミングで本拠地は大阪だが、私には見知らぬ世界の住人だった。

２０１９年11月５日。絶好の好天に恵まれた中之嶽神社。拝殿への長く急な直登石段は今日一番のしんどいところ。軽快に駆け上がるみるるんとの間は、みるみる離れる。拝殿の背後に突き立つ轟岩は神社の御神体。星穴へは左手へ、植林の沢沿いから小尾根へ。展望岩で西上州の山々を見渡す。好奇心旺盛なみるるんは、落ち葉やキノコなどに大はしゃぎでスマホを撮りまくる。まず若さ、そして飛んだり跳ねたりのお仕事だけに、道形不詳で足元不安定なルートだが、まったく快調だ。

炭焼き跡で一息入れて、ヘルメットとハーネスを装着。上部の急な岩場のためだが、ハーネスは結果的に無用だった。岩壁に突き当たり、ルンゼを登り岩稜を回ると突如現われる岩壁に、直径10ｍほどの大空洞。悪魔の片目、星穴だ。みるるんの歓声が人外境にこだました。

帰りはオマケで轟岩に登る。四囲が切れ落ち、墜落が即死に直結する岩頭は、今日最高の展望台。明日は博多で「仁義なき戦い」の舞台公演。みるるんは松方弘樹の役だそう。顔に似合わぬドスの利いた声でセリフを練習しつつ、宙空に吹き渡る微風を楽しんでいた。

星穴探勝路

登山適期 4〜12月

参考コースタイム

計2時間45分

県立妙義公園駐車場（10分）中之嶽神社拝殿（20分）展望岩（25分）炭焼き窯跡（10分）涸れ滝（15分）星穴（25分）炭焼き窯跡（20分）展望岩（20分）轟岩（20分）駐車場

アドバイス

妙義全山縦走は自著『晴れたら山へ』（実業之日本社・1998年）に詳細を記述。本コースに多く張られるトラロープは別名「目印ロープ」で、体重をかけることは想定外だ。星穴は「むすび穴」ともいわれ、隣の射抜穴とともに、百合若大臣なる巨人伝説が語られる。

アクセス

往復：上信電鉄下仁田駅（タクシー約20分）県立妙義公園駐車場

マイカー

上信越道下仁田ICから約30分で県立妙義公園駐車場（無料、トイレあり）。

問合せ先

下仁田町観光協会

℡0274-67-7500（山麓情報のみ）

上信ハイヤー下仁田営業所

℡0274-82-2429

県立妙義公園駐車場からは金洞山が目前。中央に西岳、右へ中ノ岳、東岳。西岳左が星穴岳だ

星穴探勝路
金洞山（星穴岳～鷹戻しノ頭の総称）
鷹戻しノ頭
安中市
富岡市
星穴岳
1073m
星穴
コース終点、穴の向こうに
榛名山、相馬岳、中ノ岳
などを望む
トラロープ
岩稜を
回り込む
トラロープ
0:15
0:10
ルンゼ内にトラロープ
岩壁に突きあたる
涸れ滝5m+2m
トラロープ
トラロープ
トラロープ
炭焼き窯跡
小尾根上
登りは窯跡の右へ
西岳
東岳
1094m
中ノ岳
石門、稜線の分岐
第四石門
松井田、
富岡
0:20
0:25
石垣跡
ややわかりにくい。
帰りは下りすぎぬよう注意
岩小屋
石門入口
トラロープ
尾根上の踏み跡に
入らぬよう注意。
尾根を越えて山腹を下る
植林中の踏み跡
展望岩
御荷鉾山～荒船山など
西上州の山々を見渡す
小尾根に
出る
0:20
0:20
轟岩分岐
赤テープのみ
轟岩
鎖、ハシゴで登れるが転落即死!!
背後に白雲山の絶壁を見上げ、
西上州の大観を見渡す
危険右折する
0:10
中之嶽神社拝殿
日本一のだいこく様
社務所
長く急な石段
コース中、最もキツい登り
大國神社
茶店
0:10
売店、自販機
県立妙義公園駐車場
START
GOAL
トンネルで車道をくぐる
群馬県
下仁田町
下仁田
0
1:8,000
200m
2万5000分ノ1地形図
南軽井沢

金比羅山

上級

道なき尾根から道なき沢へ。地味だが気になる山

［群馬県］

「俺が目印と道標付けたから、金比羅山から社壇ノ頭まで行かれるよ」と昭ちゃんから聞いた。昭ちゃんとは、西上州上野村の民宿旅館「不二野家」の主人・黒澤昭司さん。猟師でもあるので上野村の山に詳しく、いろいろ教えてもらっている。社壇ノ頭は天丸山や帳付山への登山口となる社壇乗越から少し北のピークで、40年以上昔に通過したことはあるが、金比羅山は初めて。コース上、特に危ないところはないそうで、岩場が苦手の妻と2013年のゴールデンウィークに出かけた。

出発点は「まほーばの森」。まほーばを漢字で書くと「馬放場」で、かつて馬の放牧場があったという。コテージを中心にしたリゾート施設で、上野スカイブリッジで結ばれる不二洞と一体になった上野村観光のドル箱だ。私も孫たちと泊まったが、設備は整い快適で、騒いでも周囲に迷惑をかけない構造と配置は特筆モノだ。

木立の金比羅山頂上は、まほーばの森から見上げられ、尾根の中ほどにはちょこんと岩峰が。道標で進む遊歩道は背後に高反山を望んで明瞭だ。尾根に出るとハルリンドウやヤマツツジ、ミツバツツジが、まばゆい新緑にあでやかだった。下から見えた岩峰は20mくらいありそうな巨岩で、岩根には金比羅神社が祭られる。その前には小さな狛犬ならぬキツネの石像が。山頂へ向かうと巨岩の裏側にトラロープ。たどると十一面観音石像が

祭られていた。あとで昭ちゃんに聞くと、岩上には大日如来（だいにちにょらい）石像が置かれ、ロープで登れるとのこと。遊歩道はここまでだが、東電の送電線巡視路がもう少し続く。尾根がやせ、露岩が目立ってくると、もう金比羅山頂上だ。芽吹きはじめた穏やかな疎林と、その奥で険悪に躍動する赤岩尾根とのコントラストが、いかにも西上州らしい。

　南の尾根へ向かうと尾根はやせ、ザレ気味の露岩も現われる。薮も道もない尾根からは天丸山や帳付山を樹間に望めた。クランク形のピークを過ぎると、行く手を悪相の小岩峰が遮断する。右手に見つけたバンドでこれを巻くと右へカーブする尾根に出た。荷を置き登った岩上にはこのコース最大の展望が待っていた。御荷鉾（みかぼ）山方面も望めるが、焼岩、天丸山を左右に従えた大山（おおやま）が、釈迦三尊像を思わせる。狭い稜線にはアセビが目立ち、左下に林道を見ると右手に赤テープ。下りの目印で、すぐ先が社壇ノ頭だ。樹林の中の小平地だが、思い出はあった。西上州のオーソリティ・浅野孝一（あさのこういち）さんに連れられ天丸山に登った帰り道。ここに立ち、昭ちゃんに聞いた滝ノ沢を下ったのだった。

　その滝ノ沢を40年以上たった今日、また下る。先ほどの赤テープから木立をくぐり出た小尾根をザクザク下るが道はない。名前に反して滝がないとわかっていても、沢幅が狭まると、つい沢から遠ざかる。でもかえって急なので再び沢床へ。沢が開け木立が多くなってくるとゴロゴロ石が増えて歩きづらい。40年前にも見た「天丸山へ」のブリキの道標が今もあるのに驚いた。簡素な道標の長寿加減と、古くからここが天丸山への登山道であったことへの、二重の驚きだ。右岸に造林小屋を見て左岸に渡ると道は明瞭になり、不二洞入口にたどり着く。不二洞は照明や見学設備の整った鍾乳洞で、観光客がいっぱいだ。その間近に、ゴールデンウィークだというのに誰にも会わない、原始の香り豊かな山を歩けたのは何やら誇らしい。

　その後も数回訪れたが、金比羅神社岩上の大日如来は未見参。道も山頂らしさもないに等しいけれど、妻でも存分に楽しめた。大きなウリには欠けるものの、また来たくなる山であった。

金比羅山

登山適期 4〜12月

参考コースタイム

計4時間5分

まほーばの森（40分）金比羅神社（25分）金比羅山（1時間）右曲点岩峰（25分）社壇ノ頭（滝ノ沢経由1時間10分）造林小屋（25分）まほーばの森

アドバイス

「まほーばの森」は素泊まりだが、自炊設備が整っている。川和の民宿旅館「不二野家」に泊まれば、上野村営バス終点の上野村ふれあい館バス停や登山口への送迎は可能。本コースはルートミスしなければ危険箇所はない。右曲点岩峰へは若干の岩登りとなる。

マイカー

上信越道下仁田ICから南牧村経由約1時間で、まほーばの森。駐車場あり（無料、トイレ）。

問合せ先

上野村産業情報センター
TEL0274-20-7070（山麓情報のみ）

金比羅山から先の尾根に道はない。地形図で現在地を確認しつつ歩きたい

宿泊情報

まほーばの森
▶ 群馬県多野郡上野村大字勝山1169
▶ TEL0274-59-2146

民宿旅館 不二野家
▶ 群馬県多野郡上野村川和134
▶ TEL0274-59-2379

金比羅山

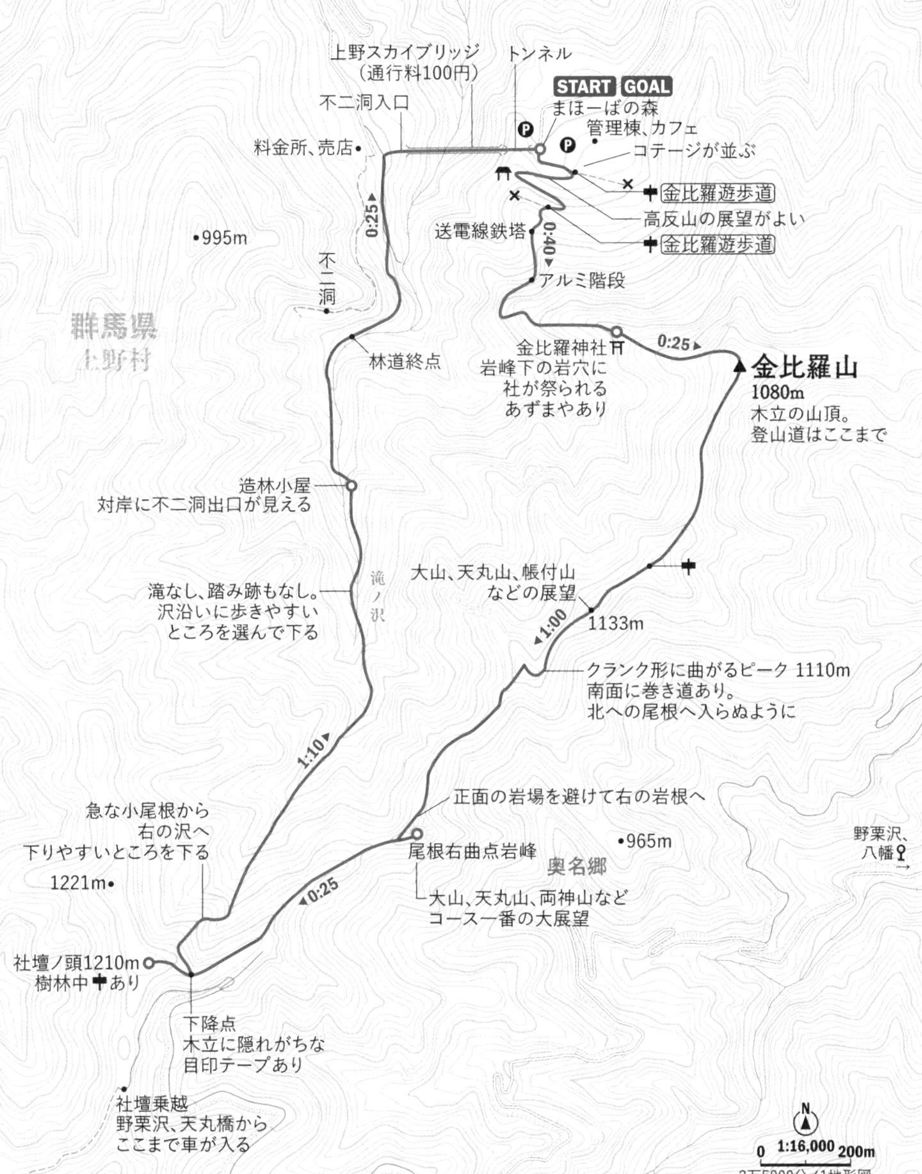

国道299号、川和、
民宿旅館不二野家
国道299号、
新羽
299
神流川
上野スカイブリッジ
（通行料100円）
トンネル
START GOAL
まほーばの森
管理棟、カフェ
不二洞入口
料金所、売店
コテージが並ぶ
金比羅遊歩道
高反山の展望がよい
送電線鉄塔
金比羅遊歩道
0:25
0:40
995m
不二洞
アルミ階段
群馬県
上野村
林道終点
金比羅神社
岩峰下の岩穴に
社が祭られる
あずまやあり
0:25
金比羅山
1080m
木立の山頂。
登山道はここまで
造林小屋
対岸に不二洞出口が見える
滝ノ沢
滝なし、踏み跡もなし。
沢沿いに歩きやすい
ところを選んで下る
大山、天丸山、帳付山
などの展望
1133m
1:00
クランク形に曲がるピーク 1110m
南面に巻き道あり。
北への尾根へ入らぬように
1:10
正面の岩場を避けて右の岩根へ
急な小尾根から
右の沢へ
下りやすいところを下る
尾根右曲点岩峰
965m
奥名郷
野栗沢、
八幡
1221m
0:25
大山、天丸山、両神山など
コース一番の大展望
社壇ノ頭1210m
樹林中 ありあり
下降点
木立に隠れがちな
目印テープあり
社壇乗越
野栗沢、天丸橋から
ここまで車が入る
N
0 1:16,000 200m
2万5000分ノ1地形図
両神山
天丸山、帳付山

下仁田三山（御嶽・大崩山・浅間山）

［群馬県］

上級

西上州の入口にうごめく小さな難峰たち

「ねぎとこんにゃく下仁田名産」と「上毛かるた」に詠われた下仁田町。気候風土から、それらの生産・集積に具合よくて発展した町だ。

そんな下仁田を起点に、多くの登山者は妙義山、荒船山へ、そして南牧村や上野村のちょっとマニアックな山々へと足を向ける。

ところがどっこい、盆地のような下仁田は、町の周囲は山だらけ。下仁田九峰と呼ばれるそれぞれの山頂には「おおぐい山、藤山、おんたけ山、四ッ又山、ほたる山、川井山、はげた山、せんげん山、東山」と町民の手になる道標が立てられ、小学生も登っていた。

しかし標高は低いがいずれ劣らぬ岩山で、時と共に地元の登山者は減り、道も廃れた。そんななかで、町から間近で展望がよい3つの山を「下仁田三山」と私は勝手に命名。御嶽、大崩山、浅間山で、登山道があるのは御嶽の登りだけ。そのほかは読図と動物的勘でルートを探る藪岩山だ。いずれも所要時間は2時間もかからないので、一日で無理なく3山を登れる。登る山からは3山のほかの山と、別方向の風景を楽しめるのだ。

登山口間の移動は、余裕があれば町歩きもよし、無料のレンタサイクルを使え、駐車場も心配ない。昼食は街なかの昭和レトロな食堂で旅気分を味わえる。2019年1月16日、この3山へ、旅行会社の登山ツアーで十数人をご案内した。

御嶽

出発点の「ほたる山公園」駐車場からは、下仁田の町並みや妙義山を見渡せる。町の背後に双耳の岩壁際立つ浅間山も。ほたる山は御嶽登山口西の植林ピークだが興味が薄いのでパス。明瞭な道標の登山口から御嶽神社の鳥居をくぐる道には石碑や石祠、石像が点在し、御嶽教の霊山であったらしい。植林から雑木林のヤセ尾根に変わると、御嶽頂上はじきだ。兄倉（あにくら）とも呼ばれる山頂には石祠とウリコ（イノシシの子）の石像が置かれ、駐車場と同じような景観をより高い位置で見渡せた。

東へ延びる尾根には踏み跡が続き、やせた岩稜となるが、3基の石祠が現われる。これがポイントだ。尾根は北へカーブし急峻になるので、左へ落ち葉の急斜面をトラバースしながらの下りとなる。登山道しか歩いていない人が多く、スリップもするが、落ち葉と泥の斜面なので大事には至らない。北西をめざし尾根や沢を横切りながら下ると、作業道に飛び出した。平坦な道を駐車場へ戻り、次の大崩山へと向かった。

大崩山

下仁田町自然史館にバスを止めさせていただく。下仁田町は日本ジオパークに認定される地質学の宝庫とのことで、自然史館はその中心的存在だ。西牧川（さいもく）、南牧川（なんもく）が合流する青岩公園には青緑色の緑色片岩が広がるが、御嶽、大崩山など鏑川（かぶら）南岸の山々は別の地質がその上に乗っかり、「根なし山」と呼ばれる。それが稀少で地質オタクのメッカでもあるようだ。館前の青倉川対岸にはその分離断層面「跡倉（あとくら）クリッペ」を眺められた。

大崩山は久しぶりなので、ツアーに先立ち3人の孫を連れて下見に。陸上部の中1と小4の男子、小2の女子だ。林道から山道へはスムーズに入ったが、集落跡の平地を過ぎ、そのまま登ると尾根に出る。これを左に行けば石祠があるはずなのに見当たらない。ザレ急登でピークに立つと左手に大崩山が高々と。ゴメンゴメンと戻り、手前から山腹の踏み跡へ。しかしこれも間違いだ。「もー、じいちゃん、帰ろうよ」と強烈なブーイングにめげず、クソジジイは再度のルート調整。ようやく石祠を発見すれば、あとは尾根上直進あるのみだ。木立は続くが、ザレた岩尾根はやせて急な登降を繰り返す。男子2人は快調だが、小2娘は滑って半ベソ。最後の泥ザレ急登で着いた大崩山は北西に展望が開け、鹿岳（かなだけ）、四ッ又山、小沢岳、妙義山（みょうぎ）などを広く見渡せた。人里間近でこれほど目立つ山なのに、石祠など皆無なのが不思議だった。

お菓子を食べての下りは形勢逆転。「じいちゃん、命綱！」とビビる兄ちゃんたちを尻目に、小2娘はぴょんぴょん下る。下山後、下仁田駅では上信電鉄の車両を発見。入場券を買ってホームに入り、誰もいない車内で電車好きの孫たちに大騒ぎを許したのは、大崩山登頂のごほうびだった。

さてツアーでは。下見のおかげでミスなくご案内できたが、参加者は私よりお若いものの、ほぼ高齢者。登りはまだしも、下りでのスリップ事故が懸念される。左右どちらに落ちても大ごとだ。同行の山岳ガイドは山頂肩からの急なザレ岩稜にロープを固定。みなさんはハーネスに付けたカラビナを掛け替えてのセルフビレイで慎重に下った。

2山を終えての昼食は、街なかの「きよしや食堂」。とんかつとラーメンにご飯がついたラーメン定食は高齢メンバーにはちとキツく、カツ丼、とんかつ入りのきよしやラーメンが人気だった。

浅間山

満腹での3山目は腹が苦しい。登山口は山際（やまぎわ）公園だが、バスは入れずすぐ下の警察署に駐車をお願いした。ツアーバスを警察に止めるなど、みなさんビックリの様子。公園から山際稲荷神社へ。奥宮から先の道は曖昧だが、尾根上を行くと林道に出た。左に回り込み、木の根やロープ伝いで尾根上に戻る。樹林越し、行く手に立ちはだかる岩壁を見上げて右手の谷へ。岩根沿いのかすかな踏み跡は岩壁の急な岩棚へと続く。固定ロープが張

子どもは成長が著しい。靴や衣類は日常使いの品で、用具にこだわる必要はない。大崩山頂にて

られているが、さらに補強して難所をクリア。山頂南面の岩棚を慎重に通過すると右上が浅間山頂上だ。今日初めて三角点のある山頂だが木立の中。西へ下ると鞍部には神社の礎石跡があり、かつて地元で崇められた山だったのだ。ロープ伝いで登り着いた西峰からは小沢岳が鋭く高く、御嶽、大崩山は子分のよう。

西へ下る尾根はまたもザレた岩稜で気を抜けない。樹林の尾根は北へ向かうが、警察へ戻るには南への尾根だ。このあたりが下仁田九峰の「はげた山」で、昔は禿げ山で街なかから目立ったとか。林道を横切り急な下りになると踏み跡は尾根を左に外れ、墓地に出た。本誓（ほんせい）寺のお堂を過ぎればすぐ国道。出発点の警察署は目と鼻の先だ。鏑川北岸の浅間山は、ほかの2山と異なり山も地面も同じ地質だ。けれど変わらぬ緊張感を楽しめた。

ワクワクドキドキだらけの小さな山に、参加者はみな喜んでくださった。けれど旅行会社のツアー基本方針は、登山道の整備された山。西上州（にしじょうしゅう）はヤバい、と会社には強く印象づけたようだった。

下仁田三山
（御嶽・大崩山・浅間山）

登山適期 通年

参考コースタイム

［下仁田三山］計5時間30分

［御嶽］計1時間50分

ほたる山公園駐車場（50分）御嶽（15分）3基の石祠（30分）作業道（15分）ほたる山公園駐車場

［大崩山］計2時間

下仁田町自然史館（30分）石祠の尾根（40分）大崩山（50分）自然史館

［浅間山］計1時間40分

山際公園（20分）林道横断（30分）浅間山（25分）林道横断（15分）本誓寺（10分）山際公園

アドバイス

山の標高と困難度が無関係であることを証明する三山。ルートミスをしなければ危険度は高くないが、ミスに備えて30mくらいの補助ロープは携行したい。しかし、もちろんロープを使えることが前提となる。下仁田の街なかには食堂が多い。140ページの「下仁田グルメマップ」は個人的嗜好によるものだ。

アクセス

上信電鉄下仁田駅で駅のレンタサイクル（無料）を利用。

マイカー

上信越道下仁田ICから約10分で下仁田市街。各登山口間は5分ほど。駐車場あり。

問合せ先

下仁田町観光協会

℡0274-67-7500（山麓情報のみ）

大崩山はこんな岩場より
ザレ斜面に要注意

下仁田三山（御嶽・大崩山・浅間山）
妙義山、佐久市
上信電鉄
西峰。鹿岳、四ッ又山の展望
ロープ
神社の礎石跡
木立の山頂
下りの岩場注意
浅間山
436m
絶壁上のトラバース注意
南の尾根へ下る
要読図
0:25
尾根を右に外れ、ハング下の
外傾バンドを登る。
ロープあり
0:30
林道横断
藪の手前を
左へ下る
林道横断
西側から尾根へ
0:15
0:20
鏑川
（西牧川）
254
本誓寺
墓地
奥宮
山際稲荷神社
社殿前を右の奥宮へ
0:10
START GOAL
霊山寺
山際公園
仲町
高崎
下仁田IC
上信電鉄
下仁田駅
上町
川井
鏑川
牧口橋
青岩公園
新合之瀬橋
南牧村、上野村
南牧川
吉崎
北〜西の展望
鹿岳、四ッ又山、
妙義山など
ザレて
滑りやすい
木立の岩稜
ほたる山
ほたる山公園
駐車場 START GOAL
管理事務所
大崩山
461m
肩
作業道
0:15
キレット
御岳登山口
跡倉クリッペ
ヤセ岩稜
0:50
踏み跡、目印なし。
ザレ斜面を左へ下る
START GOAL
下仁田町自然史館
登山口
なし
0:40
前衛峰
0:30
0:30
尾根上の石祠
不動明王像
0:30
関平
関平橋
0:20
ウリコの石像
石祠
御嶽
（兄倉）
576m
0:15
石祠3基
この先は
踏み跡なし
北方に下仁田市街地、
妙義山などの展望
林道
T字路
集落跡の
平坦地
こちらへ
間違えた
直進する踏み跡を
左へ外れる
青倉川
群馬県
下仁田町
N
0
1:19,000
500m
2万5000分ノ1地形図
下仁田

横畑（よこばたけ）

地形図にない岩稜から、人跡まれな三角点へ

［群馬県］

「横畑」とは三角点の基準点名で、国土地理院によるとルビはないが、小字名は「よこばたけ」。下仁田町の西方、市ノ萱川と矢川川を分ける尾根上８６２・１ｍの地点だ。この尾根には小岩峰が多く、矢川川奥の日暮山や御場山の帰りなどに、悪相の乱杭歯が目を引いた。物語山入口から間近に見上げる大岩もその尾根上だ。長らく執筆した『山と高原地図 西上州』(昭文社)では空白地帯で、西上州のバイブルといわれる『西上州の岩山藪山』(二木久夫著)にも記述はない。尾根末端、２川の合流点付近には神社記号があるものの、明瞭な道はないらしい。ないないづくしが気になった。

２０１６年４月24日は第８回上野村山開き。当初から企画とガイドを承っているが、この回は前日イベントで23日午後から不二洞ツアー。午前がもったいない、と思い浮かんだのが例の岩稜だ。

サンスポーツランド下仁田に駐車し、大岩を見上げて国道を西へ。今日は短時間なので険悪な大岩は敬遠し、稜線上の三角点横畑をめざす。野牧寺先の沢から右岸の尾根末端へ。樹林藪の急登で送電線鉄塔に出ると右から巡視路が来ていた。ＴＶアンテナを過ぎると門のような岩場が現われ、これを越えるとヤセ岩稜の始まりだ。８６０ｍ等高線の２峰を見上げると、足元の岩稜は左右が切れ落ちる。歩くには狭く、またがるには広く、ホールドの立ち木は自分を弾く凶器ともなる。岩稜

の合間には、新緑に点在するミツバツツジやヤマツツジが美しい。両手足を駆使し薮と岩をくぐり登ると、背後に物語山がせり上がり高度感も凄まじい。地形図では岩記号なく、なだらかで細長いだけの尾根だが、航空写真だと木立で岩稜が隠れてしまうのだろうか。

岩壁に突き当たり、左へ岩根沿いの薮斜面を行くと稜線に出た。2峰の鞍部だ。しかし今の時間では、横畑へ行くと上野村の集合時間に遅れそうだ。下降路を地形図で案じ、西の８６０ｍを越えた鞍部から南の植林斜面へ下った。踏み跡はじきに消えたが、沢沿いに下ると作業道になる。中丸集落で国道に出て、集合時間に間に合った。

横畑へは3年後、さらに西の９０６ｍ峰も合わせて再度向かう。鉄塔までは巡視路を利用し、岩稜ではロープで確保し合ったが、木立に引っ掛かり、かえって苦労した。前回下降点から横畑はじきで、三等三角点標石だけが、かつて人が来たことを物語る、疎林の中の貴重な小平地であった。

西への尾根は地形図に岩記号が点在しているが、岩場と木立が交互して続く。岩稜しばしで立った９０６ｍ岩峰には能舞台のように、くねる松。このあとがポイントだった。目標は北西の尾根だが明瞭な小尾根は南へ向かう。登り返し慎重に方向を定め直して下るが、足元は断崖で断ち切れた。灌木をスリングで束ねた支点で10ｍほどの懸垂下降。尾根を越える地形図上の峠道はすでになく、鞍部から道なき植林斜面を下った。作業道を数本横切り、林道を下ると中丸集落で横畑は無事完了。

この尾根は神津(こうづ)牧場へと高まるが、すぐ西には標高１０００ｍの等高線ピークが3つ集まり、岩記号やヤセ尾根も多く、興味は深まる。尾根末端の神社記号から大岩への尾根も大きな気がかりだ。低山でのパイオニアワークをまた発見した思いだが、私の体はどこまでもつか。

ところで冒頭に「矢川川」と書いたが現在の地形図では、矢川川とその本流の西牧(さいもく)川の名前はなく、いずれも鏑(かぶら)川となっている。また基準点名「横畑」が福島や新潟にもあることも発見した。追うほどに山も地図も、深みは増すばかりだ。

横畑

登山適期
4～5月、10～12月

手がかりの立ち木はザックを跳ね返し転落を招く凶器ともなる。地形図に表現されない岩稜を登る

参考コースタイム

計6時間45分

サンスポーツランド下仁田（10分）野牧寺（30分）鉄塔（2時間）稜線鞍部（25分）横畑（40分）906m峰（1時間35分）下降点鞍部（30分）林道終点（30分）中丸大橋西（15分）野牧寺（10分）サンスポーツランド下仁田

アドバイス

西上州でも未開の山稜で、三角点標石以外の人跡は皆無。私も目印テープなどはつけていない。ただ南斜面は一面の植林、すなわち人間界なので、エスケープは困難ではない。ロープなどは必携だが、登りの岩稜では木立に引っ掛かり、かえって厄介なこともある。

マイカー

上信越道下仁田ICから約40分でサンスポーツランド下仁田。駐車場を利用（無料、トイレあり）。

問合せ先

下仁田町観光協会
TEL0274-67-7500（山麓情報のみ）

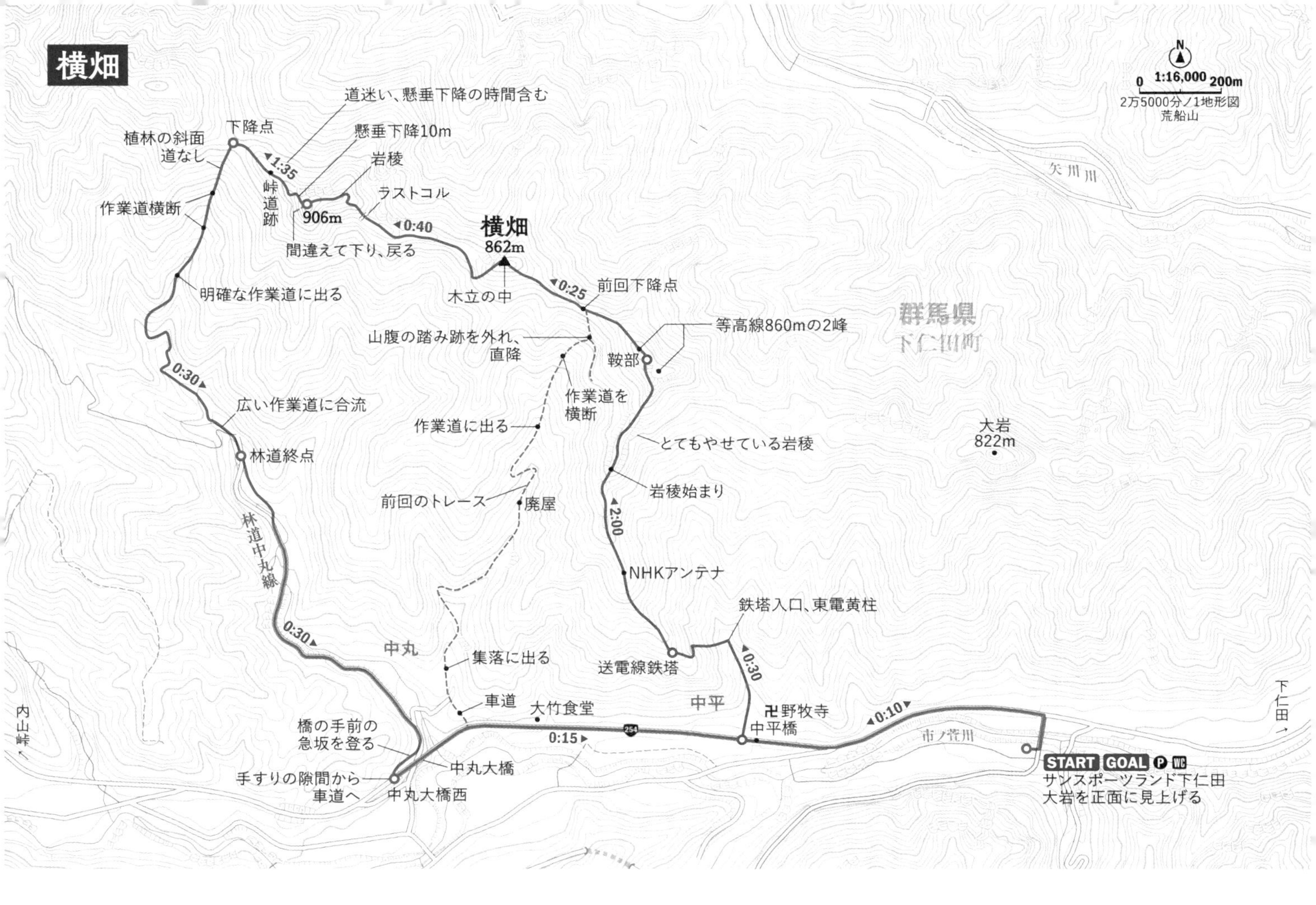

横畑

N
0 1:16,000 200m
2万5000分ノ1地形図
荒船山
道迷い、懸垂下降の時間含む
下降点
懸垂下降10m
植林の斜面
道なし
1:35
岩稜
峠
道
跡
ラストコル
906m
作業道横断
0:40
横畑
862m
間違えて下り、戻る
明確な作業道に出る
木立の中
0:25
前回下降点
矢川川
群馬県
下仁田町
山腹の踏み跡を外れ、
直降
等高線860mの2峰
鞍部
0:30
作業道を
横断
広い作業道に合流
作業道に出る
大岩
822m
とてもやせている岩稜
林道終点
岩稜始まり
前回のトレース
廃屋
2:00
林
道
中
丸
線
NHKアンテナ
鉄塔入口、東電黄柱
0:30
中丸
集落に出る
送電線鉄塔
0:30
中平
車道
大竹食堂
卍野牧寺
中平橋
0:10
下
仁
田
橋の手前の
急坂を登る
254
0:15
市ノ萱川
内
山
峠
中丸大橋
START GOAL P WC
手すりの隙間から
車道へ
中丸大橋西
サンスポーツランド下仁田
大岩を正面に見上げる

鷹ノ巣岩北稜

群馬県

ハイキングからクライミングに変わった藪岩稜

マッターホルンか桂林か!?　下仁田町から南牧村へ入ると、行く手に突き立つ２本の尖塔。碧岩と大岩だ。その西に、三段の滝を挟んで２峰より１００ｍほど低い岩峰が鷹ノ巣岩。頂上から北へ落ちる北稜は40年ほど前に登り、途中で見上げた碧岩が美しく脳裏に焼き付いていた。その後、碧岩周辺は以前より踏み跡が明瞭になった。鷹ノ巣岩も、との期待と碧岩の麗姿を撮影したく、新緑まばゆい２０１４年5月19日に再訪した。

三段の滝駐車場から居合沢を渡るとそこはもう鷹ノ巣岩北稜末端だ。四足動員で泥、薮、岩の急斜面を適当に這い登ると岩壁に突き当たる。右へ抜け出る泥ルンゼにやや緊張。３ｍほどの岩壁を左から登るとＰ１に出た。行く手に鷹ノ巣岩が遠く、碧岩・大岩が左に高い。鷹ノ巣岩はフクロウを思わせる不気味な風貌で、中央に突き上げる樹林の尾根がめざすルートだ。

さらに急登で突き当たった岩壁は尾根全体をふさぎ、高さは10ｍ以上。傾斜は70度ほどか。ハイグレード・ハイキングはリードの墜落はないことが前提で、ロープを積極的には使わない。クライミングとの決定的な違いだ。けれどこの岩壁を前に、その前提は崩さざるをえなかった。ロープを結び合い、右寄りの薮伝いでＰ２に出た。大展望の岩舞台で背後には立岩や荒船山も広がり、思わず休みたくなるところ。この先の下りは慎重にクライムダウンしたが、とうとう10mの懸垂下降。平坦な狭稜からアンザイレン2ピッチで登り着いたP3は灌木の中だが、少し先で鷹ノ巣岩から碧岩のパノラマが開けた。より高い大岩を従えるかのように、北西壁を押し立てた碧岩がりりしい。

足元が抜け落ちた泥岩稜を立ち木頼りに通過し、小さな上下を繰り返すと、いよいよ本峰の登りだ。ここでもアンザイレン。2ピッチ目の途中でそれは現われた。記憶に明瞭な、周囲をすべて排除し、すっくと立ち上がる孤高の碧岩だ。この撮影が今回の大きな目的でもあったが、リード途中とあってはじっくり撮るわけにいかない。わずか数コマで先を急いだ。3ピッチで傾斜は緩み、ビレイ解除。立ち木に縄投げを掛けて作ったアブミの利用も交え、さらに3ピッチで鷹ノ巣岩に登り着いた。ハイグレード・ハイキングのつもりが、ローグレード・クライミングになってしまったのだった。

ここまで登山者の痕跡は皆無だが、山頂西の展望広がる岩棚には消えかかった簡素な道標が。下山は南へひと下りの鞍部から東の沢へと下ったが、記憶と違う硬いザレ斜面で、ゴボウ下りを繰り返し、居合沢に降り立った。このあとは居合沢をつめてクグリ岩、二子岩へ、と計画は壮大だが、すでに時刻は17時。標高差500mにも満たない小さな岩峰に苦闘した、大きな一日だった。

ちなみに初めて登ったのは34歳のとき。今回、取付から山頂まで6時間30分だったが、3時間20分で登っている。ロープはまったく使わず、恐怖心もなくバリバリグイグイと登っていた。そして下り。「下りは山頂から東へ落ちる東稜が目安で、わずか南へ進み東の薮斜面へ。左の岩尾根沿いに下ると以前これを登ったときに見た洞窟があり、東稜沿いのルートに入ったことを確認できた。岩稜に挟まれたルンゼはザレに落ち葉が積もり、残雪をキックステップで下るような快適さ。山頂から20分ほどで居合沢に下り着き、碧岩・大岩へと向かった」。そのときの記録で、碧岩・大岩を経て登山口に戻ったのは今回の帰着と同時刻。

40年の歳月は、山麓や私自身を大きく変えたが、姿も中身もまったく変わらぬ鷹ノ巣岩なのだった。

鷹ノ巣岩北稜

登山適期
4〜5月、10〜11月

参考コースタイム

計7時間20分

三段の滝駐車場（1時間）P1（50分）P2（1時間15分）P3（2時間30分）鷹ノ巣岩（1時間）居合沢（45分）三段の滝駐車場

アドバイス

踏み跡、目印など皆無。多くの人には今回のタイムより、文中に略記した40年前のもののほうが参考になるだろう。三段の滝への居合沢沿いの道は2019年の台風で崩壊が激しい。マイカー以外のアクセスは下仁田駅からタクシー（上信ハイヤー下仁田営業所℡0274-82-2429、成和タクシー℡0274-82-2078）。

マイカー

上信越道下仁田ICから約40分で三段の滝駐車場（無料6台、トイレあり）。

問合せ先

南牧村情報観光課
℡0274-87-2011
（山麓情報のみ）

三段の滝は南牧三名瀑として遊歩道が整備されていた

鷹ノ巣岩北稜
熊倉
取付点
登れそうなところから
鉄階段
552m
熊倉川
飛び石で渡る
↑勧能、下仁田
植林の急登
START GOAL
三段の滝駐車場
P 6台
WC
1:00
左の岩壁に突きあたり、
岩根を右上へ
御神楽沢
泥ルンゼ
悪い
北稜に出る
P1。岩場を左から登る
鷹ノ巣岩、碧岩、大岩の展望
0:50
アンザイレン
2ピッチ
P2。ククリ岩、
二子岩、立岩、経塚山、
熊穴の展望
遊歩道だが2019年台風で崩壊。
バリエーションルートとなってしまった
1:15
アンザイレン
2ピッチ
懸垂下降12m
居合沢
鷹ノ巣岩北稜
P3。灌木の中
左奥に大岩を従えた
碧岩が美しい
0:45
群馬県
南牧村
足下がトンネル状に
抜け落ちた岩稜
立ち木あり
コル5つ
2:30
鉄ハシゴ
アンザイレン6ピッチ
（25mロープ）
投げ縄でのアブミ2回
碧岩が単独で
すっくと立ち上がる
、ベンチ
緩いヤセ尾根
三段の滝
北東壁
碧岩西稜
北西壁
東稜
西稜
浅いルンゼ
40年前のルート
西端の岩棚より大展望
ククリ岩、二子岩、広小屋山、
経塚山、立岩、毛無岩
熊倉集落など、✝あり
1:00
下降点
鷹ノ巣岩1020m、樹林中
硬い泥ザレ、落ち葉激しく、
ゴボウを繰り返して下る
N
0
1:8,000
200m
2万5000分ノ1地形図
十石峠

飯士山

上級

新潟県

何十本ものロープで登降した街なかの大展望峰

スキーリゾートとして人気が高い越後湯沢の街なかに、キリリと引き立つ飯士山。標高は1000m少々だが、巻機山や谷川連峰など周囲の山々の大展望と、岩場のスリルを楽しめる。

コニーデ型の山容から上田富士とも呼ばれ、山麓の信仰を集めていたという。そのせいか登山道は四方に発達した。初めて登ったのは二十数年前。負欠岩コースを登り、鋸尾根を下った。岩峰連なる鋸尾根に興味を引かれたのだが、意外にも負欠岩コースより容易だった。自著『関越道の山88』（白山書房）にその様子を記したが、下山後に五十嵐コース登山口の車へ戻るのに、越後湯沢駅まで歩き、タクシーを利用した。

越後の山へ行くたび目に留まる飯士山への再訪を思い立ったのは、2019年11月2日。五十嵐コースの周回予定で、途中で二手に分かれた道が上部で合流し、マイカーに好都合。しかし、懐かしい五十嵐登山口の新しい道標を見て驚いた。「負欠岩」に「おいかけいわ」のルビ。古い本で「ふっかけいわ」と知ったので、そう思い込んでいた。けれど後で調べると「笈掛岩」「大欠岩」「大掛岩」などの表記があり、「おいかけ」が正しいと納得した。

樹林の道を行くと、負欠岩コースと尾根コースの分岐だ。負欠岩コースに入り、滑りやすい沢状の道が傾斜を増すとロープが現われる。尾根に出ると負欠岩が目前で、奥に広がる負欠スラブが濡れて不気味な輝きだ。青空に紅葉が映える絶好の晴天なのに、数日前の豪雨をまだ山体は蓄え、岩間から染み出している。負欠岩は左をロープで登る。傾斜はそうきつくないのだが、濡れた岩はよく滑り、途中でスリップしたら、ロープを握る手で体重を支えることは困難だ。靴底をベッタリ岩につけ、重心が常に岩と垂直を保つよう、小刻みにじりじり登った。以前は登山道を外れ、右手のスラブをフリクション任せで快適に登ったが、とてもそんな気が起きないのは、濡れているせいとトシのせいか。登山道にも濡れたスラブは延々と続き、固定ロープがありがたい。ようやく顕著な尾根に出ると、北に越後三山や金城山などが広がった。岩稜を数分で尾根コースが分かれる西峰に着く。トマの峰とも呼ばれる西峰には、目前の本峰を向いた石像が何やら複雑な表情だ。

　みごとな紅葉のヤセ岩稜をわずかで舞子スノーリゾートからの道が合わさり、すぐ右が三角点の埋まる飯士山頂上、オキの峰だった。守門岳、越後三山、巻機山、七ッ小屋山から仙ノ倉山へと連なる谷川連峰、苗場山、妙高山と、掛け値なし、三六〇度の展望を満喫できた。石仏などは見当たらないが、舞子分岐に戻ると東向きの岩窟に、苔むした小さな石仏が数体祭られていた。

　西峰からの尾根コースは、いきなりの逆落としだ。木立の中ではあるものの、やせた急な泥斜面に固定ロープがこれまた延々と続く。露岩も現われるが、だいぶ乾いたようでスリップの恐れは少ない。松の木の小平地で息をつくと、負欠岩が同高度に見えた。しかしまだまだロープの下りは終わらない。今日一日、何十本のロープをつかんだことだろう。設置した人に感謝あるのみだ。小岩場を下りるといきなり地面は平らになり、道は右へとトラバース。炭焼き窯跡を過ぎると一面のブナ林が広がった。腕力勝負のこれまでを癒やしてくれる艶やかさ。往路との合流点はじきだった。

　駐車場に戻ると、朝はガス模様で姿を見せなかった飯士山が、青空をバックにキツネ色の金字形を立ち上げる。右端の負欠岩は、岩が濡れていないときの再訪を促すようだった。

飯士山 負欠岩コース

登山適期
5〜11月上旬

参考コースタイム

計4時間15分

駐車場（5分）登山口（15分）コース分岐（1時間）負欠岩基部（1時間）西峰（15分）飯士山（10分）西峰（50分）ロープ下端・トラバース開始（25分）往路合流（10分）登山口（5分）駐車場

アドバイス

駐車場へは国道17号の「五十嵐入口」信号を東へ。五十嵐集落を抜けて入る林道入口にロープゲートがあるが、着脱できて進入可能。五十嵐コースは近年、道標やロープなどが整備された。濡れると滑りやすい岩質なので、悪天候では危険度が飛躍的に高まる。

マイカー

関越道湯沢ICから約20分で登山口。駐車場あり（約5台）。

問合せ先

南魚沼市商工観光課
TEL025-773-6665

負欠岩を過ぎてもスラブの岩稜にロープが延びる急登が続く

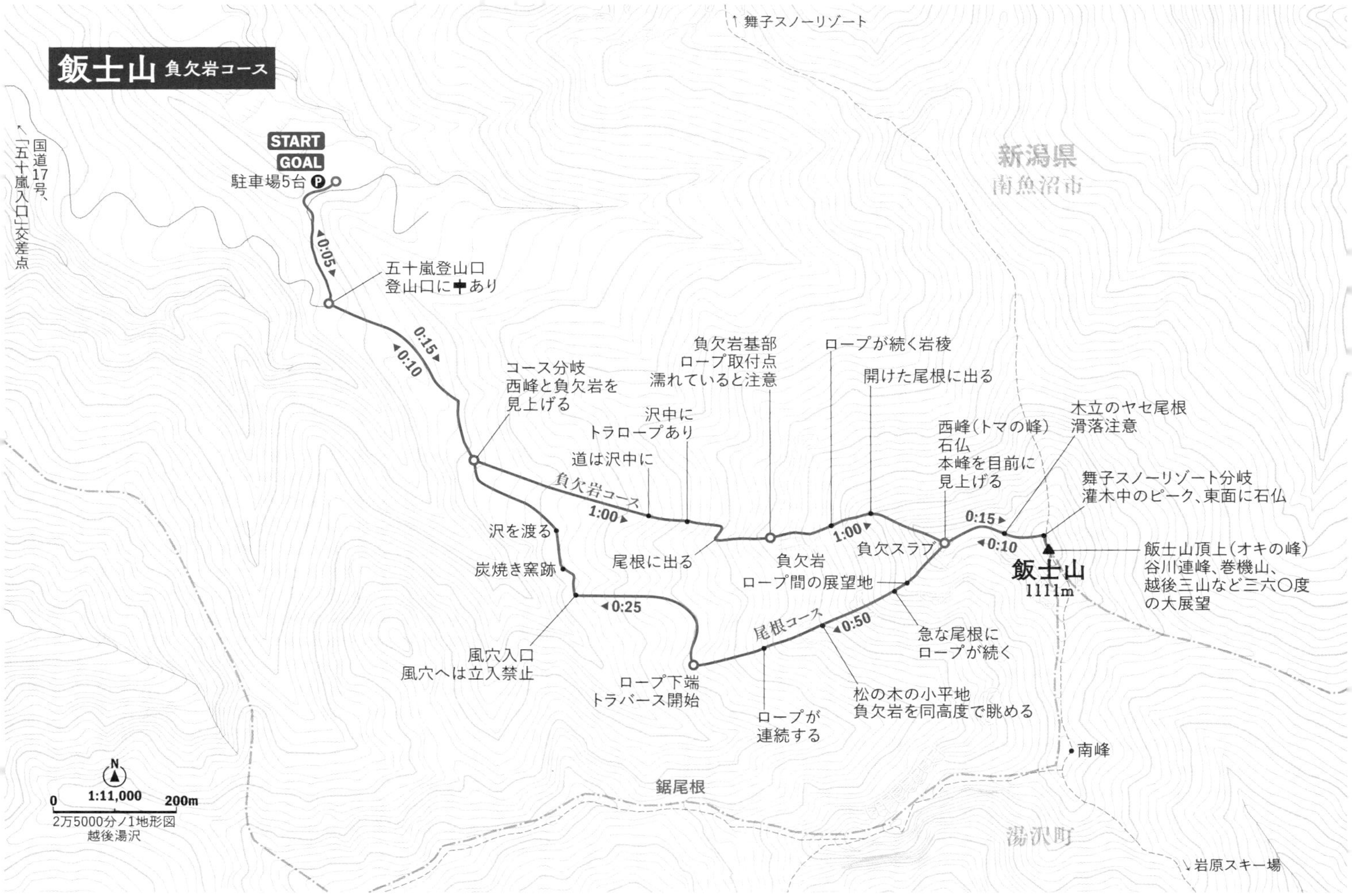

飯士山 負欠岩コース

↑舞子スノーリゾート

←国道17号、「五十嵐入口」交差点

START
GOAL
駐車場5台 P

0:05

五十嵐登山口
登山口に🚻あり

0:15
0:10

コース分岐
西峰と負欠岩を
見上げる

道は沢中に

沢中に
トラロープあり

負欠岩コース

1:00

負欠岩基部
ロープ取付点
濡れていると注意

尾根に出る

ロープが続く岩稜

開けた尾根に出る

1:00

負欠岩
ロープ間の展望地

負欠スラブ

西峰（トマの峰）
石仏
本峰を目前に
見上げる

0:15
0:10

木立のヤセ尾根
滑落注意

舞子スノーリゾート分岐
灌木中のピーク、東面に石仏

飯士山頂上（オキの峰）
谷川連峰、巻機山、
越後三山など三六〇度
の大展望

飯士山
1111m

新潟県
南魚沼市

沢を渡る

炭焼き窯跡

0:25

風穴入口
風穴へは立入禁止

ロープ下端
トラバース開始

尾根コース

ロープが
連続する

0:50

松の木の小平地
負欠岩を同高度で眺める

急な尾根に
ロープが続く

南峰

鋸尾根

湯沢町

↓岩原スキー場

N
0 1:11,000 200m
2万5000分ノ1地形図
越後湯沢

摩耶山

上級

［山形県］

岩壁を登り険悪な岩稜を下る、東北最悪の登山道

東北最悪の登山道があると聞いてから30年ほど。その道は岩壁中にあるが、道自体もコース全体もわかりにくく怖かったと。朝日連峰から北西へ延びる尾根上にある、摩耶山だ。日本海に近く海側は比較的穏やかだが、内陸側は切れ落ちた岩壁の非対称山稜。こうした山はいくつかあるが、岩壁側に一般登山道があるのは珍しい。

興味は募るが、まずは穏やかな海側からと妻と出掛けたのは2012年6月12日。国道345号の中田橋から入る越沢コースだ。登山口の瀬戸橋からの沢沿い道は足元が夏草に隠れ、踏み外さぬよう気を使う。コース分岐の小浜の茶屋跡から山頂を周回するのだが、沢沿いの「ベテランコース」を進むと、固定ロープでの振り子トラバースもきもあり、けっこうな緊張だ。呼び物の28m弁財天滝は右岸のハシゴで登るが、見たほどの傾斜ではなく、妻も不安なくクリア。ブナ林に両手足で登る急登が続き、稜線に躍り出ると、すぐ右が一等三角点の摩耶山頂上だった。

絶壁の谷底からタケノコのように抜き立つ2本の怪異な岩峰、鑓ヶ峰と鉾ヶ峰という勇ましい呼び方もあるが、本によって逆なのだ。味気ないが山頂の説明板にある「中の山」「南の山」が客観的で正確だと思った。ヒメサユリやヤマツツジの美しい山頂からは、朝日連峰や月山、鳥海山、粟島などの大展望を楽しめた。

下りは奥の宮、六体地蔵尊を経てロープで鼻くり坂を下ると避難小屋。小屋内は荒れていた。追分で関川コースを分けるブナ林の道は「初心者コース」道標のとおり穏やかで、小浜の茶屋跡に戻り着く。この晩は鼠ヶ関の鮮魚店直営民宿「咲」に泊まってコスパ最高の海鮮料理に溺れ、翌日は2度目の粟島へと向かった。

そして２０１７年9月14日。いよいよ絶壁の登山道、摩耶山倉沢コースへ見参だ。険悪さでは北アルプスなどより勝る妙義山や西上州の岩山に親しんできた私には、比較対照も大きな興味。倉沢登山口を起点に絶壁と岩稜を周回することとした。同好の数人を誘ったが日程が合わず、単独だ。

前日朝、ゆっくり家を出て山形道へ。行きがけに大日坊で即身仏を見学したが、長広舌には辟易した。倉沢登山口での車中泊は土砂降りで、翌日が思いやられた。

明ければ雨はやんだが、まだ雲は低い。天気の好転を期待して、明瞭な登山口から尾根道へ。倉沢コースには3本の登山道がある。尾根通しの中道コース、その中間から右に派生し摩耶沢左岸を登るソリクラコース、そしてさらに下部から右に派生し、御宝前の岩場を通ってソリクラコースに合わさる御宝前コースで、御宝前コースが最も難度が高いらしい。今回は御宝前コース、ソリクラコースを登り、中道コースを下る計画だ。

広く緩やかなブナの尾根は、一ノ休、二ノ休と登るにつれ尾根はやせ、傾斜は増して樹林の岩稜に長いロープが現われる。三ノ休で摩耶山東面の全貌が広がるが、どこにどう道があるのかまったく不明だ。ヤセ尾根をロープや不安定なハシゴで急登すると慶月坂で、対岸に１００ｍはあろうと思える大滝の中段に御宝前らしき岩棚が見えた。樹林のピークをロープと鎖で下ると御宝前分岐。これからが本番だ。

御宝前コースは右へと下るが、草深い沢の側壁道は足元不明。しかも雨後で滑りやすい。ようやく摩耶沢に下りると沢身には上へとペンキ印。8分ほどで左岸に上がり、連なる鎖を手繰るとハシゴが現われた。しかしこのハシゴ、上部1カ所を

上級

ロープで立ち木に結んであるだけ。下端は固定されず宙に舞っている。片足を岩壁に突っ張りアブミのようにハシゴを使って登った。不安定な2連ハシゴ、左に外傾した岩場と続き、鉄鎖を登ると岩棚に出た。「水月神（すいげつしん）」の標識と鎖の手すりがある、対岸から見えた大滝中央部の岩棚だ。

「御宝前」とは特定の地点名のほか、上部の「結神（むすびのかみ）」までの総称でもあるそうだ。鎖の手すりは岩穴に差してあり固定されていない。積雪期に撤去するためで、手すりというより危険を知らせる目印だ。少量の流水を横切り鎖に導かれると、対岸から見えた2段のハシゴ。ハシゴ、ハング気味の鎖と登ると、岩窟に祭られる結神。さらにハシゴ、ロープ、鎖を登るとソリクラコースに合流した。対岸に見える中道コースの岩稜が険悪だ。

低木の中に続く道はますます急で、岩場に何本ものロープが続く。行く手には山頂から南東へ落ちる支稜上、2つの岩峰が奇怪だ。ブナ林を抜けザレ斜面を急登、長いロープで岩場を登ると大岩壁の基部に着く。この岩壁がソリクラで、道はその基部を西へとトラバースしているが、草深い足元は絶壁に切れ落ち、気を抜けない。奇怪な2峰が近づくと道は右へ長いロープで直上。平坦な頂稜を西へ向かうと懐かしい摩耶山頂上だった。

下りの中道コースは尾根通しなので幾分か気を許していたが、甘くはなかった。頂稜から中の山へ向かい急下降。鞍部から中の山へ踏み跡があるけれど敬遠だ。左へ鎖と長いロープで下ると摩耶沢源頭部に降り立った。V字の谷を、足元の岩ゴロに注意しつつ下ること10分、矢印で右岸の草むらに移る。足元不安定な岩と草のトラバースから右に登ると、尾根を越え南山腹道となった。尾根に戻るとすぐ先の肩状に「賀須伊峰（がすいみね）」の標柱があり、背後にソリクラが高い。

道はまた摩耶沢側へ長いロープで下り、足元の見えないトラバースで尾根に戻る。待っていたのは泥のナイフリッジ。立ち木に渡されたロープを頼りに木の根伝いに通過すると、その下には岩塊重なる「掛図岩（かけず）」。東に大展望が広がるが、行く先はまだまだ長い。摩耶沢側へ鎖での下りとトラ

奇怪な2峰には鑓ヶ峰、鉾ヶ峰の別称も見るが本によって逆で、地元ではマップ記載の呼び方だ

バースを繰り返し、ソリクラコース分岐を過ぎると、鉄の4連バシゴを下る。ここからはほぼ尾根通しで、ロープ、鎖、ハシゴに飽きるころ往路の御宝前分岐に合流した。

登山口に戻ったのは出発から8時間後。ちなみに地元の案内図では歩行5時間。そして私の話を聞いて興味をもった40代の山岳ガイドは、秋の好天に同じコースを4時間で完了。70代の私でも山の状況が彼と同様だったら、あと1時間は短縮できたか、と歯ぎしりしたのだった。

冬の摩耶山は豪雪に埋まるので、ハシゴ、鎖、ロープなどは撤去される。鎖、ロープに中間支点がないのは、着脱の作業性のためだ。険悪、複雑な岩山を私でも登れるのは地元の人の努力のおかげ、と頭が下がった。

さて妙義山との比較対照だが、高度は似ているが積雪量は格段に違う。そのため滑らかな岩が多く、スリップの危険は高い。倉沢コースの困難さは表妙義・金洞山と同レベルと感じたのだった。

摩耶山 倉沢コース

登山適期 7〜10月

参考コースタイム

計6時間55分

倉沢登山口（1時間10分）御宝前分岐（1時間10分）結神（1時間20分）摩耶山（1時間5分）賀須伊峰（30分）掛図岩（45分）御宝前分岐（55分）倉沢登山口

アドバイス

倉沢コースでの前夜泊は、鶴岡からの県道を奥へ進んだ大鳥の旅館「朝日屋」（TEL0235-55-2233）が最寄りとなる。倉沢コースは6月中旬過ぎに山開きが行なわれるが、摩耶沢源頭部には残雪が多い。数多いロープなどにゴム引き軍手は有効だが、ストックはじゃまとなり却って危険だ。

マイカー

山形道庄内あさひICから約30分で倉沢登山口。登山口前に駐車場あり（無料、約15台）。

問合せ先

鶴岡市朝日庁舎産業建設課
TEL0235-53-2111

右足を岩壁に、左足を宙に舞うハシゴに掛けて登った

宿泊情報

民宿 咲

越沢コース登山口から少し離れるが、新しく、接客も気持ちよい宿。

▶ 山形県鶴岡市鼠ヶ関乙24
▶ TEL0235-44-2329

漁港が間近の鮮魚店ならではの食膳

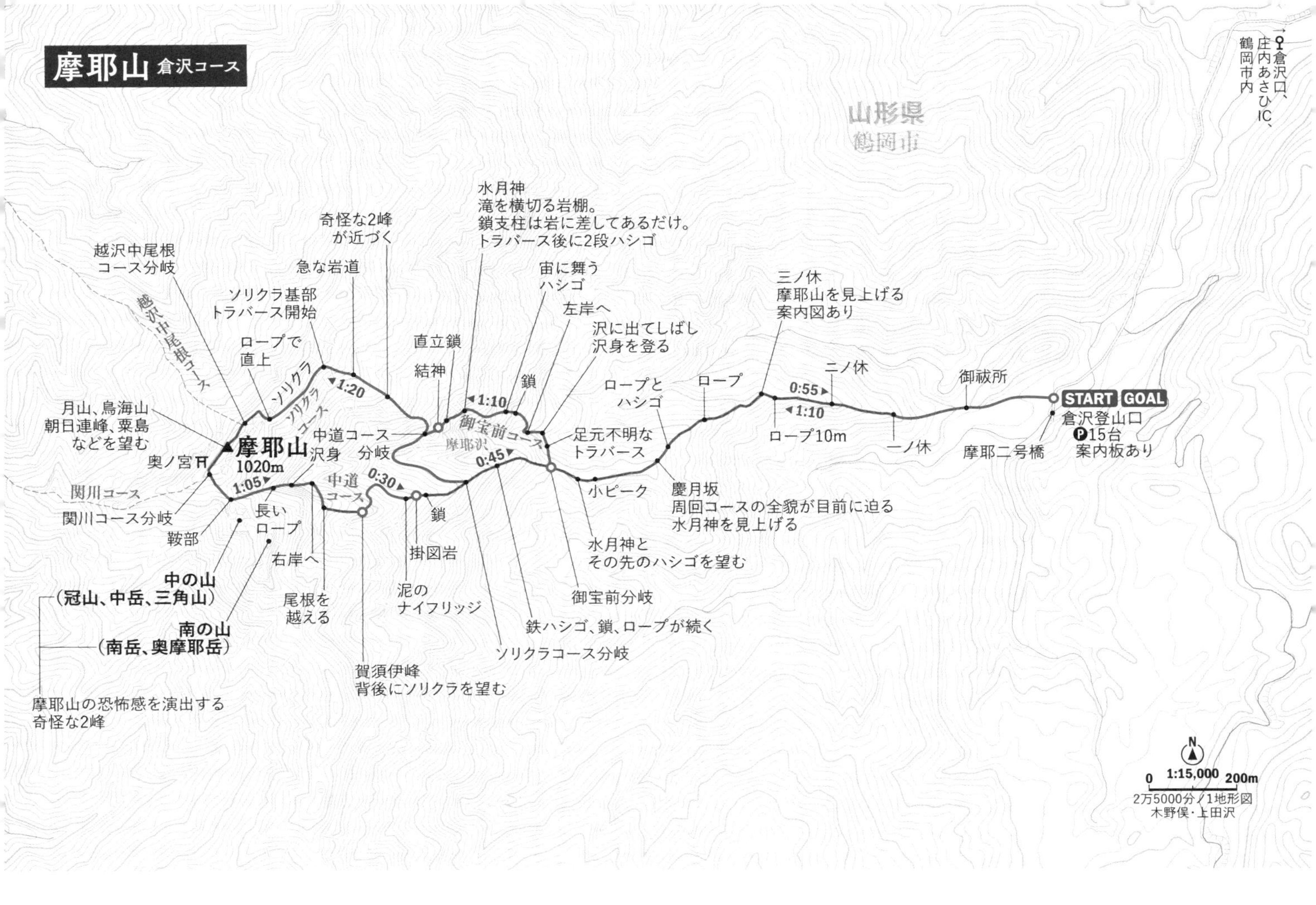

摩耶山 倉沢コース

↑倉沢口、庄内あさひIC、鶴岡市内

山形県
鶴岡市

START GOAL
倉沢登山口
P15台
案内板あり

摩耶二号橋

御祓所

一ノ休

二ノ休

0:55
1:10

ロープ10m

三ノ休
摩耶山を見上げる
案内図あり

ロープ

ロープと
ハシゴ

慶月坂
周回コースの全貌が目前に迫る
水月神を見上げる

足元不明な
トラバース

沢に出てしばし
沢身を登る

左岸へ

宙に舞う
ハシゴ

鎖

1:10

水月神
滝を横切る岩棚。
鎖支柱は岩に差してあるだけ。
トラバース後に2段ハシゴ

小ピーク

水月神と
その先のハシゴを望む

御宝前分岐

御宝前コース

摩耶沢

0:45

鉄ハシゴ、鎖、ロープが続く

ソリクラコース分岐

直立鎖

結神

中道コース
分岐

鎖

掛図岩

泥の
ナイフリッジ

0:30

中道コース

賀須伊峰
背後にソリクラを望む

尾根を
越える

右岸へ

沢身

長い
ロープ

1:05

奇怪な2峰
が近づく

急な岩道

1:20

ソリクラ基部
トラバース開始

ソリクラ

ソリクラコース

ロープで
直上

越沢中尾根
コース分岐

越沢中尾根コース

月山、鳥海山
朝日連峰、粟島
などを望む

摩耶山
1020m

奥ノ宮

関川コース

関川コース分岐

鞍部

中の山
（冠山、中岳、三角山）

南の山
（南岳、奥摩耶岳）

摩耶山の恐怖感を演出する
奇怪な2峰

N

0 1:15,000 200m
2万5000分ノ1地形図
木野俣・上田沢

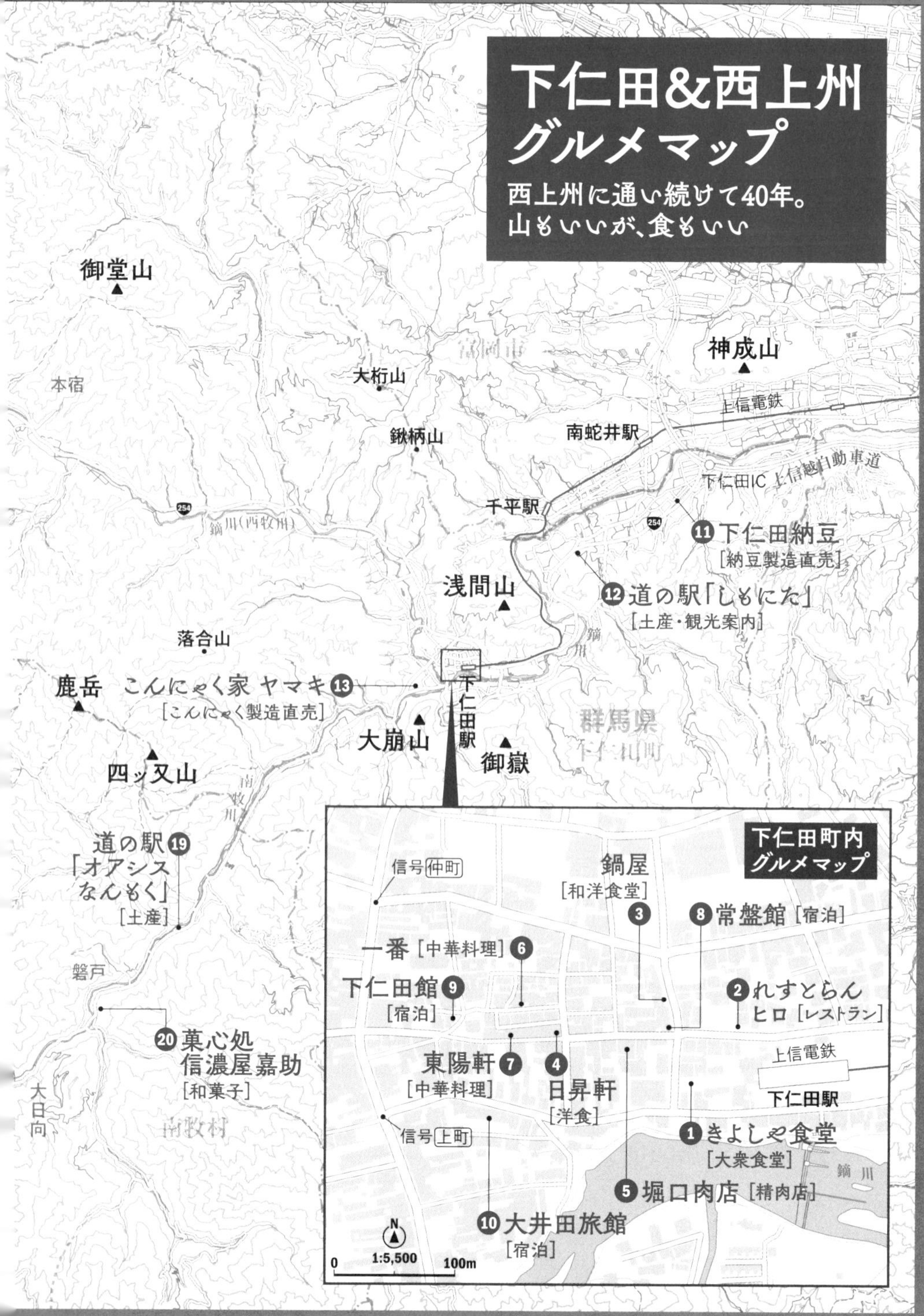

下仁田&西上州グルメマップ

西上州に通い続けて40年。
山もいいが、食もいい

御堂山
本宿
大桁山
鍬柄山
富岡市
神成山
上信電鉄
南蛇井駅
上信越自動車道
下仁田IC
千平駅
254
鏑川(西牧川)
254
11 下仁田納豆
[納豆製造直売]
浅間山
12 道の駅「しもにた」
[土産・観光案内]
鏑川
落合山
鹿岳
13 こんにゃく家 ヤマキ
[こんにゃく製造直売]
下仁田駅
大崩山
御嶽
群馬県
下仁田町
四ッ又山
南牧川
19 道の駅「オアシスなんもく」
[土産]
磐戸
20 菓心処 信濃屋嘉助
[和菓子]
大日向
南牧村

下仁田町内グルメマップ

信号 仲町
鍋屋
[和洋食堂]
3
8 常盤館 [宿泊]
一番 [中華料理] 6
下仁田館 9
[宿泊]
2 れすとらん ヒロ [レストラン]
東陽軒 7
[中華料理]
4
日昇軒
[洋食]
上信電鉄
下仁田駅
信号 上町
1 きよしや食堂
[大衆食堂]
鏑川
5 堀口肉店 [精肉店]
10 大井田旅館
[宿泊]
N
0 1:5,500 100m

こんにゃくの生産集積地として発展した下仁田には、財を成した人々の食への欲求があった。また信州から上州への文化の通り道には、ロープライス＆ハイレベルの味が多い。

下仁田駅周辺

「一番」のタンメン

1 きよしや食堂［大衆食堂］

かつ丼、ラーメン定食、きよしやラーメンなど、メニューは少ないが秀逸。15時閉店。

▶ 群馬県甘楽郡下仁田町下仁田385
▶ TEL0274-82-3176

水、お茶、下げ膳はセルフで

2 れすとらんヒロ［レストラン］

かつ丼、神津牧場のソフトクリームなど。駅前にあり営業時間が長い。

▶ 群馬県甘楽郡下仁田町下仁田384
▶ TEL0274-82-3325

洋食中心だがメニューは豊富

3 鍋屋［和洋食堂］

かつ丼、豚すき焼き定食ほか、冬季限定のスキヤキご膳も。

▶ 群馬県甘楽郡下仁田町下仁田358
▶ TEL0274-82-2028

豚すき焼定食はサッパリ味

4 日昇軒［洋食］

ビーフシチュー、ハンバーグ、パスタ、丼物など。大正8年創業の老舗だが安心値段。

▶ 群馬県甘楽郡下仁田町下仁田360-4
▶ TEL0274-82-2285

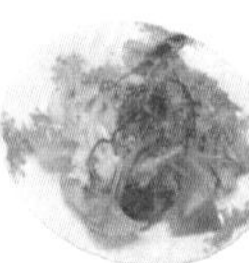

サラダたっぷりがうれしい

5 堀口肉店［精肉店］

揚げたてのメンチカツが一番人気。冬にはモツ煮も。

▶ 群馬県甘楽郡下仁田町大字下仁田359-4
▶ TEL0274-82-3269

山の帰りはメンチが定番！

6 一番［中華料理］

タンメン、ギョーザのほかに、かつ丼もあり。

▶ 群馬県甘楽郡下仁田町下仁田362
▶ TEL0274-82-2594

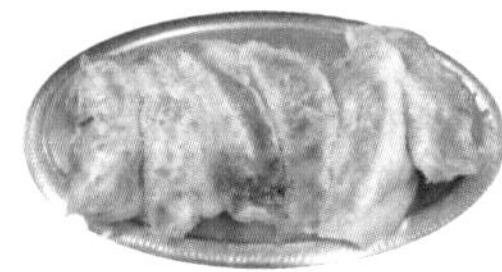

警察官に教えてもらった店

7 東陽軒［中華料理］

唐揚げ、八宝菜、ラーメンなど。営業中も「本日休業」の札が下がる。夜のみ営業。

▶ 群馬県甘楽郡下仁田町下仁田366-22
▶ TEL0274-82-3177

のれんが出ていれば営業中

8 常盤館［宿泊］

下仁田駅に最も近い老舗旅館。食事は、こんにゃく尽くし、ネギすき焼きなどを選べる。

▶ 群馬県甘楽郡下仁田町下仁田359-2
▶ TEL0274-82-2216

料理にこだわるならこの宿へ

⑬ こんにゃく家 ヤマキ

[こんにゃく製造直売]

刺身、煮っころがし、マンゴー・ピーチプリン。店頭陳列前の状態で工場直売。

▶ 群馬県甘楽郡下仁田町川井111
▶ TEL0274-82-3115

青い看板が目印の地味な構え

西牧川沿いの山

「神津牧場ロッジ」の冬季限定ホットミルク

⑭ 古月堂 [和菓子]

「本宿どうなつ」はさっぱりした白餡の銘品。

▶ 群馬県甘楽郡下仁田町本宿3760
▶ TEL0274-84-2417

本宿の町並みを演出する建物だ

下仁田起点の山

道の駅「しもにた」の青箱ネギ

⑪ 下仁田納豆 [納豆製造直売]

三角の経木に入った、多種類の納豆。工場に隣接した直営店。下仁田IC間近。

▶ 群馬県甘楽郡下仁田町馬山南田5910
▶ TEL0274-82-6166

納豆好きが唸る種類の豊富さ

⑫ 道の駅「しもにた」

[土産・観光案内]

コロッケ、こんにゃく、下仁田ねぎのほか下仁田納豆も少々。直売野菜も豊富。

▶ 群馬県甘楽郡下仁田町馬山3766-11
▶ TEL0274-82-5858

高速・路線バスのハブでもある

⑨ 下仁田館 [宿泊]

家族的待遇で気楽な料金の老舗旅館。路地の奥にある。

▶ 群馬県甘楽郡下仁田町下仁田364
▶ TEL0274-82-2031

駐車場は宿前と裏に数台

⑩ 大井田旅館 [宿泊]

素泊まりのみだが、近所に飲食店が多くある。

▶ 群馬県甘楽郡下仁田町下仁田241
▶ TEL0274-82-5906

高齢だが元気な女将が大活躍

下仁田&西上州のおいしい歩き方

下仁田ではまず「下仁田かつ丼」を。揚げたてのとんかつを醤油だれにくぐらせ、ごはんにのせただけだが、数ある店ごとに個性は豊か。土産の定番こんにゃくのほか、冬場は下仁田ねぎでキマリだ。

⑳ 菓心処 信濃屋嘉助 [和菓子]

一口草餅、お炭つきまんじゅう、ブランデーケーキは行動食や土産に。朝7時開店。

▶ 群馬県甘楽郡南牧村磐戸160
▶ TEL0274-87-2322

3月前後の桜餅は絶品！　安！

㉑ 民宿 かわくぼ [宿泊]

家族的で親身な対応。工事関係者の宿泊も多い。

▶ 群馬県甘楽郡南牧村
大字大日向608
▶ TEL0274-87-3139

主人は釣り好きで日本海へも

㉒ 民宿 月形園 [宿泊]

小規模だが、心のこもったサービスが忘れられない。

▶ 群馬県甘楽郡南牧村
大字大日向712
▶ TEL0274-87-2698

宿の名前は旧村名を残すため

⑱ 八千代温泉 芹の湯
[日帰り入浴]

釜揚げうどんなど、食事もできる。国道から車で10分ほど。

▶入浴料500円
▶ 群馬県下仁田町
西野牧12809-1
▶ TEL0274-84-3812

地元の社交場でもあるようだ

南牧村の山

道の駅「オアシスなんもく」のとらぱん

⑲ 道の駅「オアシスなんもく」
[土産]

「とらおのパン」（通称：とらぱん）はここだけの超人気商品。登山届提出はこちらへ。

▶ 群馬県甘楽郡南牧村千原3-1
▶ TEL0274-87-3350

本書を常時販売しています

⑮ 嶋屋菓子店 [和菓子]

昭和の雰囲気あふれる店。和菓子のほかにケーキがあることも。値段も昭和的良心価格。

▶ 群馬県甘楽郡下仁田町
大字本宿3681
▶ TEL0274-84-2235

店内には子ども用の駄菓子も豊富

⑯ 食堂 大竹 [大衆食堂]

あさりラーメンはさっぱり味で独特のうまさ。

▶ 群馬県甘楽郡下仁田町
南野牧7246-1
▶ TEL0274-84-2647

国道に面し、トラッカー御用達

⑰ 神津牧場ロッジ [乳製品]

ジャージー種牛の濃厚な牛乳で作られたバターやチーズのほかにクッキーも。

▶ 群馬県甘楽郡下仁田町
南野牧250
▶ TEL0274-84-2363

夏場はソフトクリームが大人気

雪山

雪が積もると、山は別の山になる。
登山道がなく、無雪期は登れない山でも、
雪が落ち着けば登れる山は無限に広がる。
ピッケル、アイゼンよりも、
ワカンやスノーシューが主体の山。
雪崩を避けるため、
尾根通しの行動が鉄則だ。

物見山

［群馬県］

西上州にあった、大展望の雪山入門コース

西上州に雪山があることに、迂闊にも気付いていなかった。冬の西上州は雪が少ないが、地面は凍結し岩や木の根は薄氷で覆われ、滑りやすい。けれどアイゼンをつければ爪に刺さった落ち葉を核に雪がダンゴとなる。切れ落ちた岩山の多い西上州では、本格的雪山と異なる滑落危険要因だ。

そんなわけで冬場は敬遠していたのだが、3月末に物見山をめざし、不明を恥じた。1400m近い標高があり、しかも長野との県境なので、気象は長野の影響を強く受ける。予想外の残雪に敗退し、それならもっと雪のある時期に雪山として、と考え直した。山容はなだらかで、雪崩や滑落などの危険は低く、起点の神津牧場は冬でも稼働するので、アクセス道路は除雪されているのだ。

西上州の西辺に電波塔の目立つ物見山は、かつて山腹に広がる神津牧場とともにハイキングのメッカだった。昭和30年代には、上野発の山岳夜行列車に下仁田駅からのバスが接続し、神津牧場へと多くの登山者を運んでいた。背景には大島亮吉の『山—随想—』（中公文庫）の「荒船と神津牧場付近」で語られる、山上に明るく開けた牧場の理想郷を思わせるのどかな風景描写、付近の山々でのさまよい歩きの魅力があったのだろう。「一体私はこのあたりで、はじめて日本の低い、小さな山歩きのおもしろさ、たのしさを知った」と。

2017年1月末。神津牧場へのバスがとっく

になくなった今は、国道２５４号から狭く急な舗装路を登るが、冬場はタイヤに注意だ。神津牧場のトラックはスタッドレスにチェーンを巻いていた。牧場に近づくとモダンな牧舎が現われる。

　スノーシューを履き、神津牧場駐車場の奥から階段を上れば、穏やかな斜面となって、雪に映える冬木立が美しい。車道を横切りわずか登れば稜線で、まずは左の物見岩へ。岩上からは、木立越しに榛名（はるな）山、妙義（みょうぎ）山などを見渡せた。北へ尾根通しに下ると内山無線中継所展望台だ。台上からは内山牧場の広大な雪原を前景に、八ヶ岳連峰の全貌と、南アルプスも見渡せた。車道を縫って尾根道をひと登り。傾斜が増すと物見山頂上だ。東に開けた山頂からは、こちらも神津牧場の雪原越しに浅間（あさま）山や西上州の展望が大きい。悪絶な妙義山も、見下ろせば箱庭風景のアクセントだ。

　電波塔を見上げて尾根を北へ下るが、牧柵の鉄条網には注意だ。移り行く展望を楽しみ車道を横切ると、木立の尾根上に香坂（こうさか）峠の小平地。直進は八風（はっぷう）山への尾根道だが、かつて西の香坂からあった道は跡形もない。右に曲がると、かすかに道形を感じる雪の山腹へと変わり、雪をかぶった馬頭観音が心強い。沢の横断箇所は慎重にルートを見極め、尾根上の下りになると右手が開け、荒船（あらふね）山や毛無（けなし）岩などの奇岩が並び立つ。道が広がると神津牧場はじきで、子牛が迎えてくれた。

　神津牧場は１８８７（明治20）年に佐久の神津邦太郎氏が創業した日本で最古の洋式牧場。肉や乳製品類に縁遠かった日本人の体力向上をめざし、この地に適応するジャージー種の放牧を始める。その牛乳は脂肪分が高く濃厚でコクがあり、バターやチーズに最適だった。夏場の神津牧場は観光客でにぎわい、ロッジではソフトクリームが大人気だ。しかしその代わり冬場は、訪れた人にはロッジでホットミルクをサービスしてくれる。「ああ、美しい、きよらかなこの信濃境いの山上牧場の春浅い朝に飲む、この芳醇甘美な一ぱいの牛乳！」と大島が感激した味をじっくり反芻したい。

　帰りの車道では、艫（とも）岩を張りめぐらせた荒船山が、午後の陽に絶壁を陰らせていた。

物見山

登山適期 1〜3月

アクセス車道からの荒船山。絶壁の艫岩を張りめぐらせ、最高点の経塚山が右奥に小さく頭を出す

参考コースタイム

計3時間50分

神津牧場駐車場（1時間）物見岩（10分）無線中継所展望台（50分）物見山（40分）香坂峠（1時間）神津牧場ロッジ（10分）神津牧場駐車場

アドバイス

1〜2月はスノーシューかワカン、3月には軽アイゼンが欲しいこともある。無線中継所展望台はこれらを履いたままでも登降できる。アクセス車道は轍が凍結しており、運転には細心の注意を。好天なら危険箇所はないが、悪天候の折は中止したほうがよい。

マイカー

上信越道下仁田ICから約1時間で神津牧場。駐車場あり（無料）。

問合せ先

下仁田町観光協会TEL0274-67-7500
神津牧場TEL0274-84-2363

子牛が興味深そうに出迎えてくれた。寒くないのかな？

物見山

八風山
香坂峠
木立の中のひっそりした峠
神津牧場へ に従う
車道横断
正面の尾根道へ
馬頭尊の石碑
尾根上ジグザグの
広い道
荒船山から毛無岩の
稜線を眺める
群馬県
下仁田町
0:40
1:00
藪を避けて
沢から巻く
車道に出る
香坂峠へ
牛舎の脇を通る
志賀牧場分岐
神津牧場ロッジ
冬はホットミルクの
サービスあり
鉄条網に注意
車道横断
東面が開け、妙義山方面の
大展望が広がる
神津牧場
0:10
START GOAL
物見山
1376m
鉄条網に注意
登山口、神津牧場駐車場 1070m
奥の石段を登る
長野県
佐久市
水道施設
0:50
車道横断
尾根道へ
沢を渡る
1:00
車道横断
山道へ入る
雑木林の斜面
内山無線中継所展望台
西に展望が広がり、
八ヶ岳連峰全山、
南アルプスを見渡せる
車道横断
0:10
稜線
内山牧場
物見岩
1315m
妙義山、榛名山、
物見山などの展望
N
0
1:19,000
500m
2万5000分ノ1地形図
信濃田口・御代田
下仁田市街、
下仁田IC
内山峠、荒船山

坊谷山(ぼうたん)

［新潟県］

大展望、静寂、新雪とそろった短時間の山

坊谷山を知ったのは約30年前。新潟駅の書店で買った地元発行の登山ガイドブックでだ。「ぼうやさん」とルビを振るその本は、ビギナー向けながらわかりにくく間違いもあるのだが、なにより歩程1時間45分は若い私の対象外。しかし歳とともに短い歩程は魅力と変わる。冬なら雪山。自宅から日帰りで、キツくなく、ほどほどのラッセルと好展望を楽しめそうな人けのまれな山、とムシのよい条件に合う山を地図で探す。首都圏でも有名になった六日町の坂戸(さかど)山、カタクリで名高い六万(ろくまん)騎(き)山はすでに歩いている。地図を見る目を少し上にずらすと、あの坊谷山があった。

六万騎山と同じく、八海(はっかい)山大崎口コースから分かれた支稜末端に、標高３００ｍほどの起伏を連ねる超ミニ山脈だ。地形図の道記号は例のガイドブックと同じだが、豪雪地帯だから道はなくても全山を縦走できそう。でも調べると、ちゃんとした縦走路と駐車場もあるらしい。２０１８年2月26日、飯能の自宅を妻と6時過ぎに出た。

山麓から見上げる坊谷山は植林に覆われた平坦な台地状で、お世辞にも登高欲をそそるとは言いがたい。けれど登山口には明瞭なイラストマップ。植林の尾根道が傾斜を増すと、浦佐毘沙門(びしゃもん)堂嗽鉢(うがいばち)の切出跡に着くが、史跡は雪の下だ。すぐに出た稜線は戦国時代の大崎城址だが、その遺構も雪に埋もれている。木立の稜線を上下すると、坊谷山

に着いた。北西に開けた坊谷山からは、小出の権現堂山や守門岳、魚沼丘陵などの展望が開けた。

緩やかな雪稜を行くと雪面に鐘が突き出し、行く手には大崎口コースの尾根の上に、八海山や越後駒ヶ岳などが高々と。越後駒から延びる白稜上、険悪な岩峰が目を引いたが、帰宅後に調べるとカネクリ山。借金取りに追われそうな名前だが、あと10年若ければ挑戦心が燃え上がったか。

足元には大日如来石像が雪に埋もれているはず。期待どおりの展望に気をよくすると、すぐ先が石造五重塔の立つ塔之山で、塔には「享保15（1730）年建立」と刻まれている。中越地震で倒壊したが、その後再建されたそうだ。南に坂戸山方面を望み、穏やかな雪の尾根はさらに続いて、登りつめたところが最高点の愛宕山だ。全周に大展望が広がり、守門岳など北に広がる山々が近づく。これまであったトレースはここから戻っていた。

距離的には半分以上来ているが、この先は新雪の急な下りが続き、妻はビビり気味。尾根の分岐も多く、細越への尾根を外さぬよう慎重な読図が必要だった。植林帯に入っても急な下りは続き、左下に人里が近づくが無視して尾根上を忠実に。鞍部で右の小尾根を下ると、狙いどおり細越トンネル間際の車道に出た。大崎の町並みを眺めながら、出発点の登山口駐車場へは40分ほどであった。

積雪期の印象がよいと無雪期にも行きたくなる。この年の秋、冬と同じコースで縦走した。積雪期には見られなかった遺構などを見物し、紅葉に彩られた展望を楽しんだが、大日如来以外にもたくさんの石仏が。下山後に見学した龍谷寺で聞くと、日清・日露戦争による村民戦没者を慰霊するための三十三観音霊場で、龍谷寺を起点に坊谷山を周回しているそうだった。

春景色も味わいたくて、2020年4月に再々訪。今まで歩いていないコースをと、尾根道を五重塔から門前コースへ下り、稲見神社から稜線に登り返し、再び縦走路を細越へ下った。三十三観音霊場の石仏を、みな拝観。足元にイワウチワ、イワカガミが群れ咲き、したたるような新緑にタムシバの並び立つ、春爛漫の寂名山をも楽しめた。

坊谷山

登山適期 1〜3月

参考コースタイム

計3時間10分

大崎中央バス停（20分）柳古新田登山口（1時間5分）坊谷山（15分）塔之山（10分）愛宕山（1時間）細越峠（20分）大崎中央バス停

アドバイス

豪雪地帯なのでこんな低山でも、スノーシューかワカンが快適。愛宕山から細越へは急下降が続くが、トレースがあれば恐怖感は和らぐ。バスでもマイカーでも歩行時間は同じ奇特な山だ。炎暑の盛夏は快、不快どちらだろうかと、興味を抱いてしまう。

アクセス

往復：上越新幹線浦佐駅（南越後観光バス17分）大崎中央

マイカー

関越道大和スマートICから約20分で柳古新田登山口。駐車場あり（数台）。

問合せ先

南魚沼市商工観光課
TEL025-773-6665
南越後観光バス
TEL025-773-2573

愛宕山で2度目のバンザイ。大崎口尾根の上に八海山が頭を出す

立ち寄り情報

割烹 藤屋［麺類、定食］

割烹といっても大衆食堂。カレー、トンカツなど誠意あふれる味と値段。

▶ 新潟県南魚沼市大崎4171
▶ TEL025-779-2031

カツカレーでもソースに肉が入っていた!

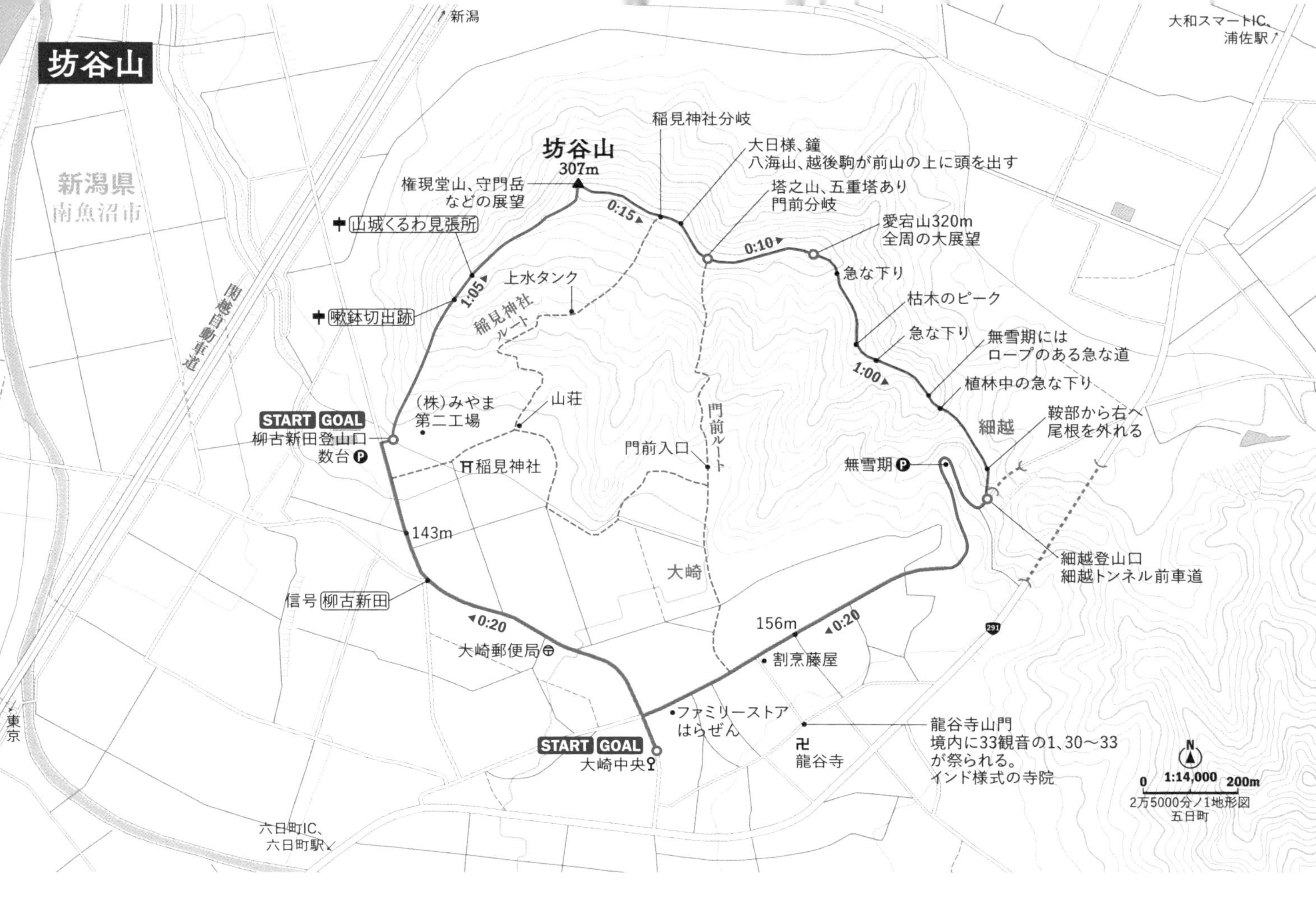
坊谷山
新潟県
南魚沼市
新潟
大和スマートIC、
浦佐駅
坊谷山
307m
稲見神社分岐
大日様、鐘
八海山、越後駒が前山の上に頭を出す
権現堂山、守門岳
などの展望
塔之山、五重塔あり
門前分岐
愛宕山320m
全周の大展望
山城くるわ見張所
急な下り
上水タンク
枯木のピーク
嗽鉢切出跡
稲見神社ルート
急な下り
無雪期には
ロープのある急な道
植林中の急な下り
関越自動車道
(株)みやま
第二工場
山荘
門前ルート
細越
鞍部から右へ
尾根を外れる
START GOAL
柳古新田登山口
数台
稲見神社
門前入口
無雪期
143m
大崎
細越登山口
細越トンネル前車道
信号 柳古新田
0:15
0:10
1:05
1:00
0:20
0:20
156m
大崎郵便局
割烹藤屋
291
東京
ファミリーストア
はらぜん
龍谷寺山門
境内に33観音の1、30〜33
が祭られる。
インド様式の寺院
START GOAL
大崎中央
龍谷寺
0 1:14,000 200m
2万5000分ノ1地形図
五日町
六日町IC、
六日町駅

飯士山

絶好の条件に恵まれ、短時間でシビアな雪山登山

［新潟県］

「国境の長いトンネルを抜けると雪国であった」。川端康成『雪国』の有名な書き出しだが、積もった雪が落ち着くころ、豪雪越後の低山をめざす私には、このフレーズがしばしば頭に浮かぶ。関越トンネルを抜けた湯の町・越後湯沢は、リゾートマンションとスキー場の原色躍る一大観光地。『雪国』のイメージとはかなりずれるが、その町なかに小粒だがキリリとそびえるのが飯士山だ。

山頂付近は急峻な岩稜だが、裾野は穏やかに広がり、南北にスキー場を配している。無雪期の登山道はあっても、積雪期に登る人は多くない。無雪期の経験から、山頂の大展望とスリリングな雪稜は想像できた。日本海からの烈風は雪庇を発達させるだろう。短時間で本格的雪山を楽しめそう、と岩原スキー場を起点に、南峰から飯士山を周回するプランを立てた。

2014年3月29日。岩原スキー場のリフトに乗れば今日予定ルートの全貌がずんずん迫ってくる。白く鋭い山頂が居丈高だ。第3ペアリフト終点の「標高700m」表示板が尾根取付点。ツボ足でわずか登ると……おお！　さっそく現われた。両側は薮斜面ながら切れ落ちた雪稜がくねっている。ド真ん中をそおっと進み、樹林に入ってほっと一息。右に帰路の目印となる山頂クワッドリフトを眺めると、雪が軟らかくなったのでワカンをつけた。木立を抜けると傾斜はますます急で、背

後に雪白き山並みが広がる。左に立柄山から登り来る尾根を合わせると尾根はやせ、鋭い雪稜となった。スリップを恐れて履いたばかりのワカンを脱ぎ、ここも細いエッジ通しに慎重に通過。尾根が広がりまたワカンを履くが、傾斜は雪壁と言いたいほど急だ。左下に、断続するキノコ雪を載せて乱高下する鋸尾根が近づくと、南峰は目前だ。

今にも落ちそうな雪庇が東に大きく張り出す南峰で小休止。今日は無風快晴で絶好のコンディション。しかしガスに包まれたら雪庇は不明で、踏み抜いた雪庇と共に岩塊のような雪崩にすり潰されながら谷底へ、と最悪のシーンが目に浮かぶ。やはりお天気第一だ。雪庇が連なる尾根を本峰に向かう。やや急な下りだが、ワカンを履いたままでもスリップの恐怖はなかった。白くキュンと天を突く本峰への登りは、今日一番の急登。下りは怖いだろうなーと思いつつ、一歩一歩踏み固めながらワカンを蹴り込む。そして、着いた。

白く丸いふくらみが目前にあり、その先には今まで見えなかった山々が広がっていた。黒々とした岩壁連なる金城山から巻機山へ延びる尾根の向こうには、越後三山の白い連なり。北へ下る魚野川の奥は模糊として山々は霞み、西方にはスキー場をちりばめた低い山々が緩く起伏する。谷川連峰はようやくその全貌を現わした。

下りはすぐ下まで登りのトレースを使えるが、ゲレンデ最上部への急下降はまったくの新雪だ。ワカンを外しツボ足で下った。前足のかかとに体重を乗せ、前傾姿勢で慎重に高度を下げる。具合よく体を支える雪は最高の状態だが、氷結していればアイゼンが必要だろう。そうなれば後ろ向きで下るが、滑落の危険性は飛躍的に高まる。

傾斜が幾分緩むと、いきなり雪がなくなった。登りの尾根から眺められた、雪のそこだけハゲている部分だ。雪の裂け目から地面に下りると夏道があった。再び雪上に出るがこの先も雪の割れ目が現われ、樹林の緩斜面を巻き下る。リフト終点の手前で右手のゲレンデに降り立って、一安心。

そこそこの危険と緊張感に満ちた、短時間でシビアな雪山は無事完了したのだった。

飯士山 岩原コース

登山適期
1〜4月上旬

参考コースタイム

計5時間10分

岩原スキー場中央クワッドリフト終点（10分）第3ペアリフト終点・尾根取付点（20分）樹林入口（2時間30分）南峰（35分）飯士山（35分）ゲレンデ最上部（1時間）リフト券売り場

アドバイス

短時間の雪山とはいえ、雪の状態次第で危険度は大きく変わる。低温時はアイゼンが必要だが、降雪後や春先には自分がいる雪稜ごと崩落する雪崩もありうる。役場やスキー場はスキー場外の登山については回答不能なので、多様に対応できる装備と経験が必須だ。

マイカー

関越道湯沢ICから約10分で岩原スキー場駐車場（無料、1500台）。

問合せ先

湯沢町産業観光部
TEL025-784-4850
岩原スキー場TEL025-787-3211

中央左寄りに飯士山頂。右へ延びるのは帰路の尾根。手前で右下のスキー場へ下るのが往路の尾根

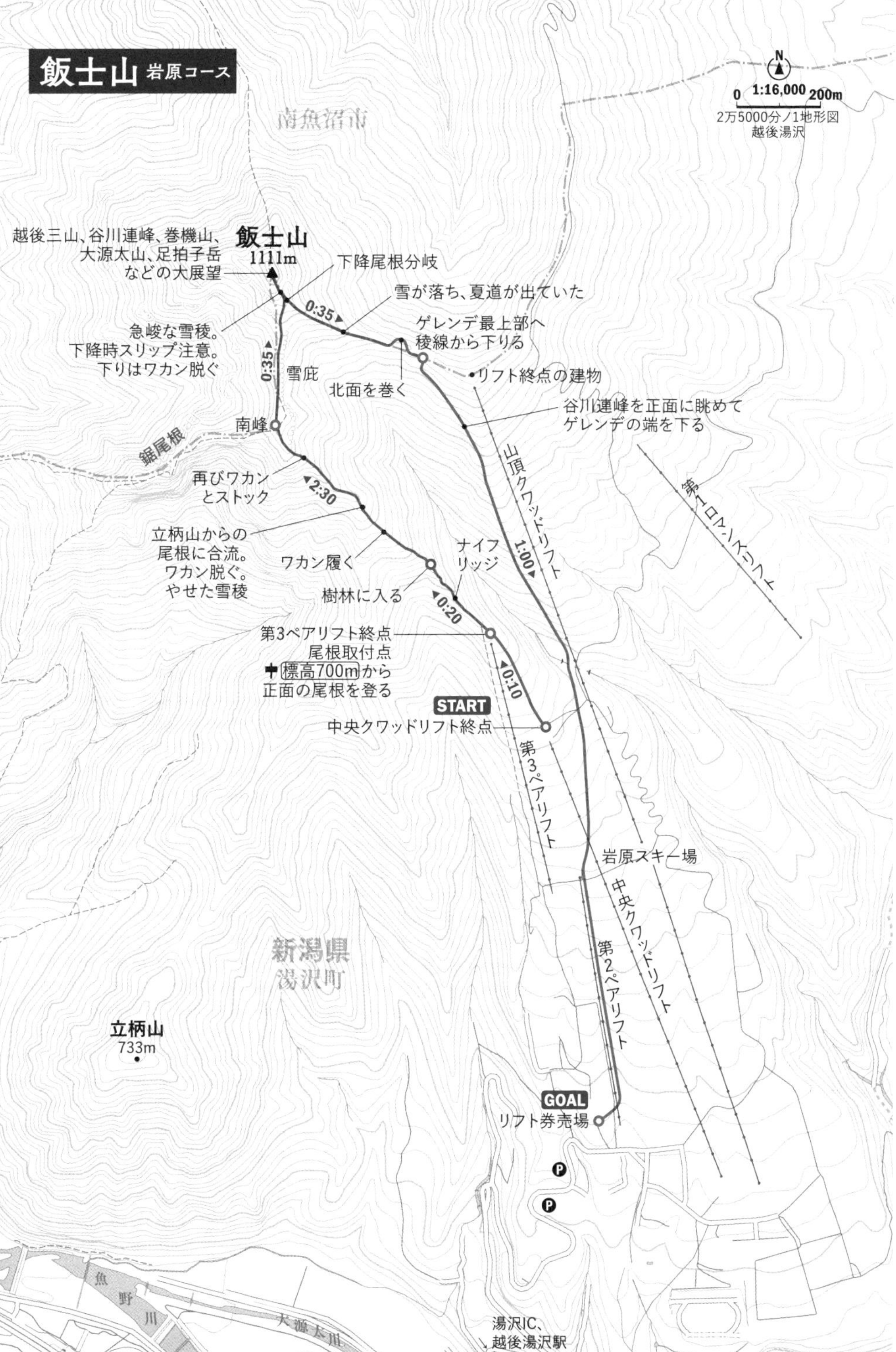

飯士山 岩原コース
N
0 1:16,000 200m
2万5000分ノ1地形図
越後湯沢
南魚沼市
飯士山
1111m
越後三山、谷川連峰、巻機山、
大源太山、足拍子岳
などの大展望
下降尾根分岐
雪が落ち、夏道が出ていた
0:35
ゲレンデ最上部へ
稜線から下りる
急峻な雪稜。
下降時スリップ注意。
下りはワカン脱ぐ
0:35
雪庇
北面を巻く
リフト終点の建物
南峰
谷川連峰を正面に眺めて
ゲレンデの端を下る
鋸尾根
再びワカン
とストック
2:30
山頂クワッドリフト
第1ロマンスリフト
立柄山からの
尾根に合流。
ワカン脱ぐ。
やせた雪稜
ワカン履く
ナイフ
リッジ
1:00
樹林に入る
0:20
第3ペアリフト終点
尾根取付点
標高700mから
正面の尾根を登る
0:10
START
中央クワッドリフト終点
第3ペアリフト
岩原スキー場
中央クワッドリフト
第2ペアリフト
新潟県
湯沢町
立柄山
733m
GOAL
リフト券売場
魚
野
川
大源太川
湯沢IC、
越後湯沢駅

ツボ足の中越

当間山・鋸山・金倉山と山古志

南北に細長い新潟県は、北から下越・中越・上越と分けて呼ばれる。中越は内陸にあるので積雪が多く、しかも関東に最も近い。これまでも残雪を頼りに、大力山、威守松山などの低山を、ワカンやスノーシューで楽しんできた。けれど時季を少し遅らせれば、絢爛な花と新緑の饗宴を期待できる。

山を越えてたどり着くイメージの山古志村には、ほのかな憧れがあった。なだらかな山上に棚田や養鯉池が広がり、千枚田の風景が美しいそうだ。しかし2004年秋の新潟県中越地震は、家や棚田や道路を壊滅させた。

翌年、震災前からの予定どおり長岡市と合併して村名は消えたが、復興は進んだ。なだらかな山古志の中で高いところを探し、見つけたのは展望のよさそうな金倉山。どうせ行くなら道すがら、人けのまれな雪山を加えれば、いっそう充実するのではないか。山麓から無理なく往復できて、できれば曽遊の山々を見渡せる好展望の雪山へ。そんな思惑で探し出したのが当間山と鋸山だ。この山旅のきっかけだった山古志は体力的に楽なので、順番は最後となる。この時季なら雪山用の足ごしらえは不要。ツボ足で充分と、2017年の4月末、妻と車に乗り込んだ。

ツボ足の中越 広域マップ
北陸自動車道
長岡JCT
長岡IC
新潟
長岡駅
栃尾
長岡市
鋸山
上越新幹線
JR上越線
関越自動車道
信濃川
柏崎市
JR信越本線
金倉山
上条駅
JR只見線
新潟県
魚沼市
小千谷市
小千谷駅
長岡市
越後川口駅
下権現堂山
上権現堂山
破間川
越後川口IC
越後川口SA
小出駅
小出IC
佐梨川
大力山
十日町盆地
浦佐駅
関越自動車道
JR飯山線
信濃川
坊谷山
十日町駅
北越急行ほくほく線
駒ヶ岳
八海山
十日町市
六日町盆地
中ノ岳
六日町駅
上越新幹線
坂戸山
大沢山トンネル
JR上越線
魚野川
当間山
南魚沼市
塩沢石打IC
東京
津南町
1:320,000
0
10km
20万分ノ1地勢図
長岡・高田・日光

当間山

［新潟県］

雪山 夏道あり

積雪期NG。残雪期OKの穏やかな雪の尾根

当間山は、関東から新潟へ向かうとJR石打駅西側の、もっそりした山。無雪期は魚沼スカイラインの展望台から短時間で登れるようだが、それでは過程の楽しみを味わえず、しかも魚沼スカイラインは冬期通行止め。けれど北麓のあてま高原リゾートからは、ハイキングコースがあるらしい。

4月28日。5時に車で家を出る。関越道・塩沢石打ICから大沢トンネルへ向かうと、左手に冬木立の当間山が穏やかに高まる。信濃川沿いの国道から、あてま高原リゾートのホテル「ベルナティオ」へ。ホテルを過ぎ、山に向かう舗装路を行くと右が駐車場だ。

車を降りると付近はフキノトウの海。たどる林道には次第に雪が現われ、送電線鉄塔の立つ登山口は一面の雪原だ。高曇りの空はやや重苦しいが、雪は締まっているのでツボ足で山へと向かう。行く手の尾根はあまりになだらかなせいか、樹林の丘陵がボサボサ連なるのみで、山の形すら見当たらない。地形図で方向を見定め、高いほうへとブナ林の尾根をたどった。こんな地形だと登りは簡単だが、下りは尾根の分岐でルートミスの恐れがある。帰りのために赤テープを木の枝へ簡単に結んだ。左右からあまり顕著でない尾根を合わせると、展望のよい尾根に出る。西南に鳥甲山が顔を出した。ヤセ尾根からやや急な登りで一本杉に着くと、案内看板があり、当間山が姿を見せた。

わずか下って登り返すと木製の展望台。明るさを増した日差しのもと、米山、刈羽黒姫山、弥彦山、八海山などが春霞の奥に懐かしい。電波反射板を右に見て左へカーブするように登ると、当間山三角点があった。しかし、めざすはこの先の最高点だ。残雪はかなり深くなったが、しっかり締まり安定している。これまでより急な斜面を下って登り返すと、木立に囲まれて上空がぽっかり開ける、白くまあるい広場がそこにあった。当間山最高点だ。展望はないが明るく穏やかな雪野原は、いつまでもそこにいたい雰囲気に満ちていた。

　先ほどの三角点に戻って昼食。南東が開けたそこからは飯士山や巻機山方面を望め、すぐ北の樹間には何やら建物が。上越国際スキー場当間ゲレンデ最上部のリフト終点なのだった。帰りは行きにつけたテープに助けられ、それを外しながら下る。残雪を利用したリゾート施設のイベントが近々予定され、無雪期のハイキングコースでもあるので、テープの残置は迷惑行為となるからだ。

　登山口に近づくと行きに空を覆っていた雲はすっかりなくなり、朝方と打って変わった光景が待っていた。光を浴びた新緑のブナ林は青空を背に真っ白な大地に輝き、生命の喜びに満ちている。残雪の小さな山を一つ終えたうれしさに、弾みをつけてくれるのだった。

　実はこの当間山、この年の2月にも訪れていた。しかし天気の悪さに加え、登山口の鉄塔まではホテルの私有地でスノーモビルの遊覧コース。積雪期は歩行者も立ち入り禁止なのだった。

　信濃川、ＪＲ飯山線と並行する国道１１７号を十日町、小千谷の町並みを抜け山古志へ。棚田の夕景色を眺め、種苧原の「あまやち会館」に入った。「あまやち」を「あやまち」と、あやまって読み、ヘンな名前だなと思っていたが、漢字だと「尼谷池」で、近くにある池の名前だった。山古志は大きく南北に分かれ、あまやち会館は北部の種苧原地区だが、南部の虫亀や竹沢地区には人家が多く、長岡市山古志支所や「やまこし復興交流館おらたる」も南部にある。山古志を3日間、行ったり来たりすることとなった。

当間山

登山適期
4月中旬〜5月中旬

参考コースタイム

計5時間

駐車場（25分）鉄塔・登山口（1時間10分）展望のよい尾根（1時間）当間山（20分）最高点（20分）当間山（1時間20分）登山口・鉄塔（25分）駐車場

アドバイス

当間山は穏やかな木立の尾根にハイキングコースが整備されている。ホテル「ベルナティオ」（TEL025-758-4888）に宿泊すれば朝の時間に余裕ができる。同ホテルに隣接する「あてま 森と水辺の教室ポポラ」（TEL025-758-4811）では季節に応じたイベントやツアーを開催。

マイカー

関越道塩沢石打ICから約30分であてま高原リゾート「ホテルベルナティオ」。ホテル奥の駐車場を利用（無料、約10台）。

問合せ先

十日町市役所
TEL025-757-3111

展望はないが、当間山最高点は、ほっこり気分の山頂

宿泊情報

山古志の宿 あまやちの湯

文中の「あまやち会館」は2020年から施設名が変わった。

▶ 新潟県長岡市山古志種苧原4526
▶ TEL0258-59-3620

展望浴場の入浴、食事のみもできる

当間山
1:37,000
0
500m
2万5000分ノ1地形図
大割野・塩沢
十日町、塩沢石打IC
新潟県
ホテルベルナティオ
ベルナティオ
ゴルフコース
積雪期、
この道路は通れない
塩沢石打IC
大沢山トンネル
当間川
当間
START GOAL
冬季はこの奥立入禁止
0:25
登山口鉄塔
めざす山の姿は見えない
上越国際スキー場
当間ゲレンデ
美しいブナ林
1:10
0:40
七川
展望のよい尾根上、860m
鳥甲山を望む
一本杉
当間山最高点が見える
1:00
0:40
当間山最高点
展望はないが、
木立に囲まれた
明るく、まあるい雪原
電波反射板の
横を通る
木製展望台
登り来た尾根の上に米山、刈羽黒姫山、
八海山、中ノ岳などの展望が広がる
0:20
魚沼スカイライン
当間山
1017m
当間山三角点
飯士山、巻機山～朝日岳
などの展望

鋸山（のこぎり）

［新潟県］

残雪と花いっぱいの裏街道から登った展望の名山

鋸山は長岡市東山（ひがし）連峰最高峰で、信仰対象でもある一等三角点の山。地元では人気の山で、私も数回登っている。しかしいずれもコースは西側の栖吉（すよし）町からだ。稜線の花立（はなたて）峠から山頂に向かうとき、東の半蔵金（はんぞうがね）に下る峠道が気にかかり、いつか訪ねたいと思っていた。

4月29日。気分よく泊まれた「あまやち会館」を後に県道を北へ、めざす鋸山を見上げて下る。登山口の半蔵金は、急峻な山ひだに囲まれた谷間の集落だ。郵便局の広い駐車場に止めさせてもらい、脇の急な舗装路を登る。見落としそうな古い道標が「鋸山・花立峠ハイキングコース」を示していた。T字路に突き当たったところで軽トラの奥さんが「乗ってけ」。妻は喜んで乗り、私は写真を撮りながらついていくが、急な道なので軽トラもそう速くはない。スイセンの咲く急坂を登ると、一転して広大な棚田風景が広がった。ここも山古志（やまこし）と同じように、震災により棚田の多くが崩壊や亀裂で大きな被害を受けたという。しかし年月がたった今では、初めて訪れる者は気付かぬほどの美しい広がりだ。ここは馬頭観音の立つ辻で、新しい手作り道標が立っていた。

棚田の間を山菜採りに駆け上がる軽トラと別れ、舗装路をのんびり登る。スミレ、ツバキにカタクリと次々現われる花々に足も止まりがち。ふと目を上げると、棚田がピンクのラインに縁取られている。もしやと駆け登り驚いた。一面、絨毯のようなカタクリの群落が広がっているではないか。足の踏み場に困るとはこのことだが、花の隙間を歩き回り、天国かと思われる光景に溶け込んだ。

棚田風景と遠くの山々、道端に乱舞するカタクリ、ショウジョウバカマ、アズマイチゲなどに気を取られつつ行くと、右に山へ向かって上る作業道が現われた。ここにも手作りの小さな道標が。沢沿いとなったこの道が沢を渡り右カーブするところで、右岸沿いに直進する山道へ。花立峠への峠道だ。道幅は広いが雪で倒れた木々が行く手をふさぐ。これをくぐり、乗り越え、広がる残雪の斜面を登ると、小さな池にミズバショウ。僕ら以外に愛でる人とてない清楚な姿に別れを告げて、わずかに薮をくぐると新緑まばゆいブナ林となった。道は雪の下だが地形図で見当をつけて登ると尾根を越える。この尾根は鋸山の頂稜から派出し、これを登れば近いのだが、行きは峠道にこだわろう。山腹を緩く高まる峠道は、残雪と倒木が厄介だ。しかし日なたはカタクリ街道と呼びたい風情で、頭上にはマンサクが黄金色に光る。

稜線に出たところが花立峠で、表口の栖吉町からの登山道に合流。登山者の行き交うメインコースは踏み固められ、道を探す楽しみはない。記憶ではこちらのコースも花いっぱいだったが、裏街道とも言うべき今登ってきた半蔵金コースは、それをはるかにしのいでいた。ブナとタムシバ、イワウチワも現われる尾根道にわずかな上下を繰り返すと鋸山頂上だ。けれど山頂を埋める人、人、人。それでも粟ヶ岳、守門岳、浅草岳、毛猛山塊の山々、未丈ヶ岳、荒沢岳など、かつて登った山々の展望を楽しめた。

帰りは花立峠まで行かず、行きに見当をつけた尾根を下る。道はないが薮は薄く、間もなく往路に合流。花々と棚田風景を、行きとは別の角度であらためて楽しみつつ出発点に戻った。

オマケは胞姫さま。郵便局と道を挟んだ高みの守門神社・諏訪神社に祭られる双体道祖神だ。日本全国数ある道祖神でキスしているのは珍しい、と軽トラの奥さんが自慢気に教えてくれたのだ。

鋸山 半蔵金コース

登山適期
3月下旬〜5月中旬

参考コースタイム

計4時間40分

半蔵金（1時間）峠道入口（40分）尾根を越える（50分）花立峠（35分）鋸山（35分）合流点（1時間）半蔵金

アドバイス

半蔵金から花立峠へ向かう農道は分岐が多く、小さな道標を見落とさぬように。残雪の峠道は雪に押し倒された樹木が道をふさぎ、またぐと跳ね上がったり踏み抜いたりで苦労する。しかし花立峠で大勢の登山者に出会うと、ささやかな優越感に満たされる。胞姫さまは石仏好きには必見だ。

マイカー

関越道小出ICから約40分で半蔵金。郵便局にお願いして駐車場を利用させてもらう。

問合せ先

栃尾観光協会TEL0258-51-1195

花立峠へはカタクリの群落と棚田風景の美しい農道を行く

宿泊情報

割烹旅館 丸新

写真家はじめ、リピーターの多い宿。自家有機栽培の野菜類、上質な魚介、肉料理も。

▶ 新潟県長岡市山古志虫亀4028
▶ TEL0258-59-2375

玄関には木彫りの「牛の角突き」（闘牛）が出迎える

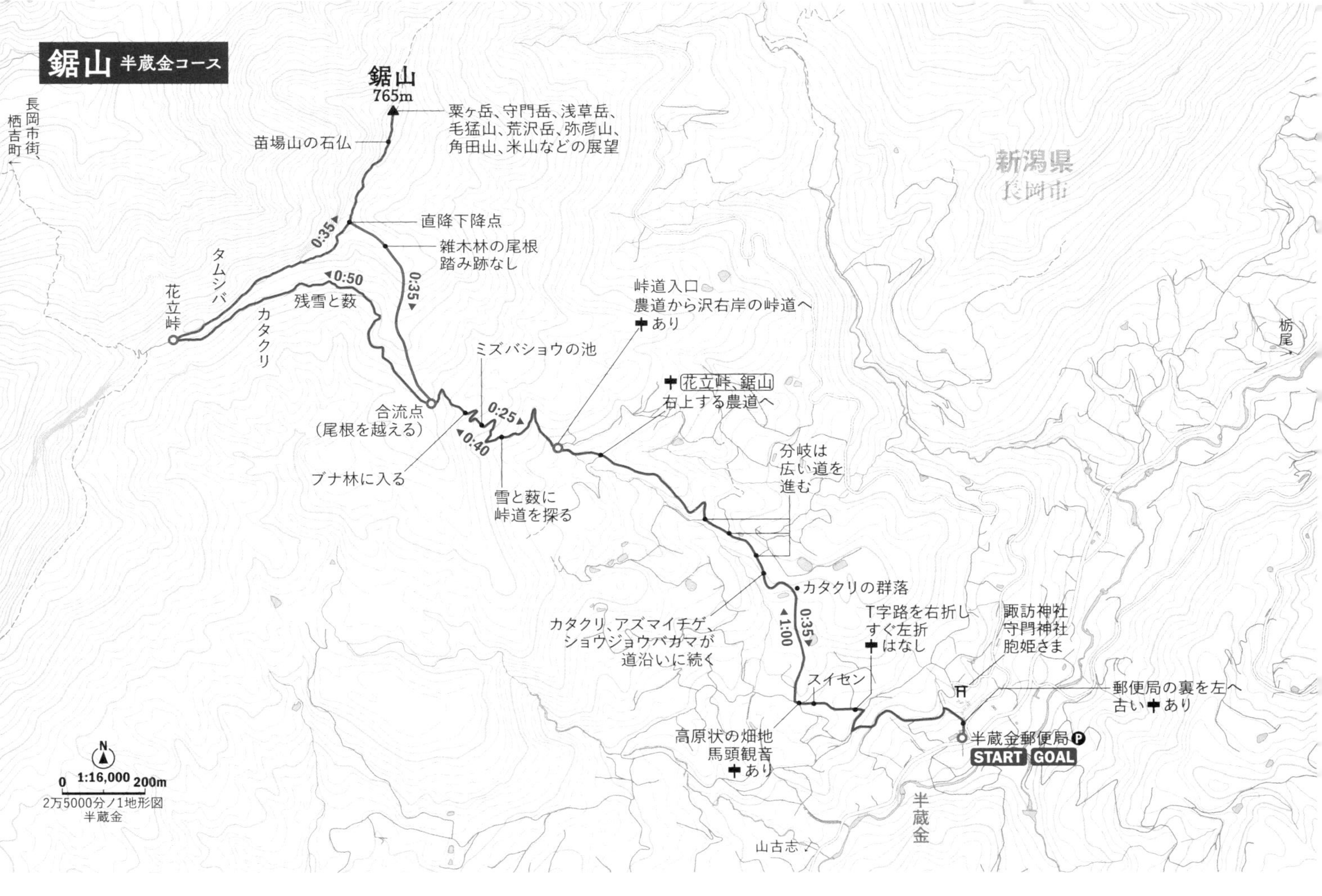
鋸山 半蔵金コース
鋸山
765m
長岡市街、栖吉町←
粟ヶ岳、守門岳、浅草岳、
毛猛山、荒沢岳、弥彦山、
角田山、米山などの展望
苗場山の石仏
直降下降点
雑木林の尾根
踏み跡なし
0:35
0:35
0:50
タムシバ
花立峠
残雪と薮
カタクリ
新潟県
長岡市
峠道入口
農道から沢右岸の峠道へ
あり
ミズバショウの池
花立峠、鋸山
右上する農道へ
合流点
（尾根を越える）
0:25
0:40
ブナ林に入る
雪と薮に
峠道を探る
分岐は
広い道を
進む
栃尾
カタクリの群落
カタクリ、アズマイチゲ、
ショウジョウバカマが
道沿いに続く
1:00
0:35
T字路を右折し
すぐ左折
はなし
諏訪神社
守門神社
胞姫さま
スイセン
郵便局の裏を左へ
古い　あり
半蔵金郵便局
START GOAL
高原状の畑地
馬頭観音
あり
半蔵金
山古志
N
0 1:16,000 200m
2万5000分ノ1地形図
半蔵金

雪山 夏道あり

新潟県

金倉山と山古志

徒歩15分の山頂は、棚田と越後の山々の大展望

4月30日。朝食前、木彫りの闘牛が玄関前に威を振るう割烹旅館「丸新」をあとに金倉山へ。山古志の最高点ではないが、展望台があるという。虫亀地区から県道23号を登り、長岡市街へ下るところから左に分かれる金倉山林道へ。林道が尾根に出ると、東面にすばらしい光景が広がった。

山古志の山上集落を前景に、残雪をまとった越後三山が堂々たる風格だ。最高峰の中ノ岳を中心として左に越後駒ヶ岳、右に八海山。さらに左の荒沢岳、右の巻機山が三山に従うかのよう。それらの山々に遊んだ日々を思い出す。林道を車で進み棚田の間を上ると山腹道となる。ここからの写真が山古志の観光パンフレットを飾ったそうで、時には写真クラブの三脚が林立するとか。確かに棚田風景はみごとだが、浅草岳や毛猛山が見えているものの、山の姿を重視する私には構図として物足りない。ひと登りで金倉山登山口の広い駐車場。トイレもあり、西に開けたそこからは、信濃川の向こうに米山、刈羽黒姫山などが新鮮だ。

金倉山は木段の登山道を15分上っただけで頂上に着いた。コンクリートの展望台へ息せき切って駆け上がる。見える、見える、見える。これまでの展望に加え、木立や山の陰で見えなかった谷川連峰、妙高・火打山、角田山、守門岳などが全周に広がっていた。そして眼下には無数に広がりきらめく棚田風景。歩行時間こそ微々たるものだが、

金倉山はまぎれもない山岳展望の山なのだった。

宿へ戻り、朝食後は「やまこし復興交流館 おらたる」へ。あらためて山古志について学び直した。気の遠くなるような大昔、海底の隆起でできた山地はもろく崩れやすく、地滑りを繰り返して穏やかな山容となった。住む人は傾斜地に平坦な田んぼを作り、水を引くため最上部に横井戸を掘る。しかし湧きたての水は稲の生育に冷たすぎるので、上部の棚田では食用のコイを育てた。ある日、突然変異でカラフルな錦鯉が出現。それをきっかけに交配を繰り返し、今では鑑賞用として海外でも需要の高い収入源になったとのことだ。

軟弱な地盤ゆえに崩壊と補修を繰り返した棚田は、結果的に美しい文様を描いた。崩壊のつど地表に現われる海底の有機物や、牛糞などの天然肥料、豪雪地帯ならではの豊富な雪解け水、水害がないことなどで、うまい米がたくさん収穫できる。2日間のおいしいごはんに納得できた。

山古志にはもう一つの名物、闘牛がある。昔から農作業のために牛を飼い、肥料、食料としても、山村の生活に欠かせぬ存在だ。そんな牛を闘わせるのが「牛の角突き」で、１０００年もの歴史があるという。しかし、いわゆる闘牛のイメージとはだいぶ違っていた。家族同様の牛を流血するまで闘わせるのは、牛にも飼い主にも負担が大きく、また勝敗をつけると飼い主間の関係悪化を引き起こす。そのため牛が熱くなったところで中断するのがルールとなった。角突き合わす2頭の牛の、状況を見て引き離すのが牛力士（うしりきし）。興奮の極みにある牛を腕力でねじ伏せるのだから危険極まる大役で、「小文吾」なる伝説の英雄が闘牛場の入口に掲げられていた。

帰りは栃尾（とちお）へ向かった。名物の分厚い油揚げが目当てで、味、香り、歯応えともに、山旅の締めくくりにふさわしい絶品だ。ゴールデンウィークの週末というのに、混んだのは帰りの高速道路のみで、山はほぼ独占状態。静かで穏やか、そして小さな探求心も満足できた短時間の山。地元グルメも思い出に花を添え、中越にそんな山を探す楽しみが、ますます膨らむのだった。

金倉山と山古志

登山適期
4月中旬～11月中旬

参考コースタイム
計25分
駐車場（15分）金倉山（10分）駐車場

アドバイス
登山1：観光9の一日。かなり効率の悪い走り方をしたものの、山古志の道は覚えた。冬は山古志と周辺道路は除雪されるが、金倉山への林道は通行止めだ。「牛の角突き」（闘牛）は5～11月に月1～3回開催される。問い合わせは山古志闘牛会（TEL0258-59-3933）へ。

マイカー
関越道堀之内ICから約25分で山古志虫亀。林道を約10分で金倉山登山口駐車場（無料、数台）。

問合せ先
長岡市山古志支所産業建設課
TEL0258-59-2343

栃尾で揚げたての油揚げを

＼立ち寄り情報／

やまこし復興交流館おらたる［土産］
中越地震被害を語り継ぐ。地震シミュレーション体験施設あり。あられ、豆類の土産は地味だがうまい。
▶ 新潟県長岡市山古志竹沢甲2835
▶ TEL0258-41-1203

棚田を前景の越後三山は、金倉山への林道がよかった

金倉山と山古志

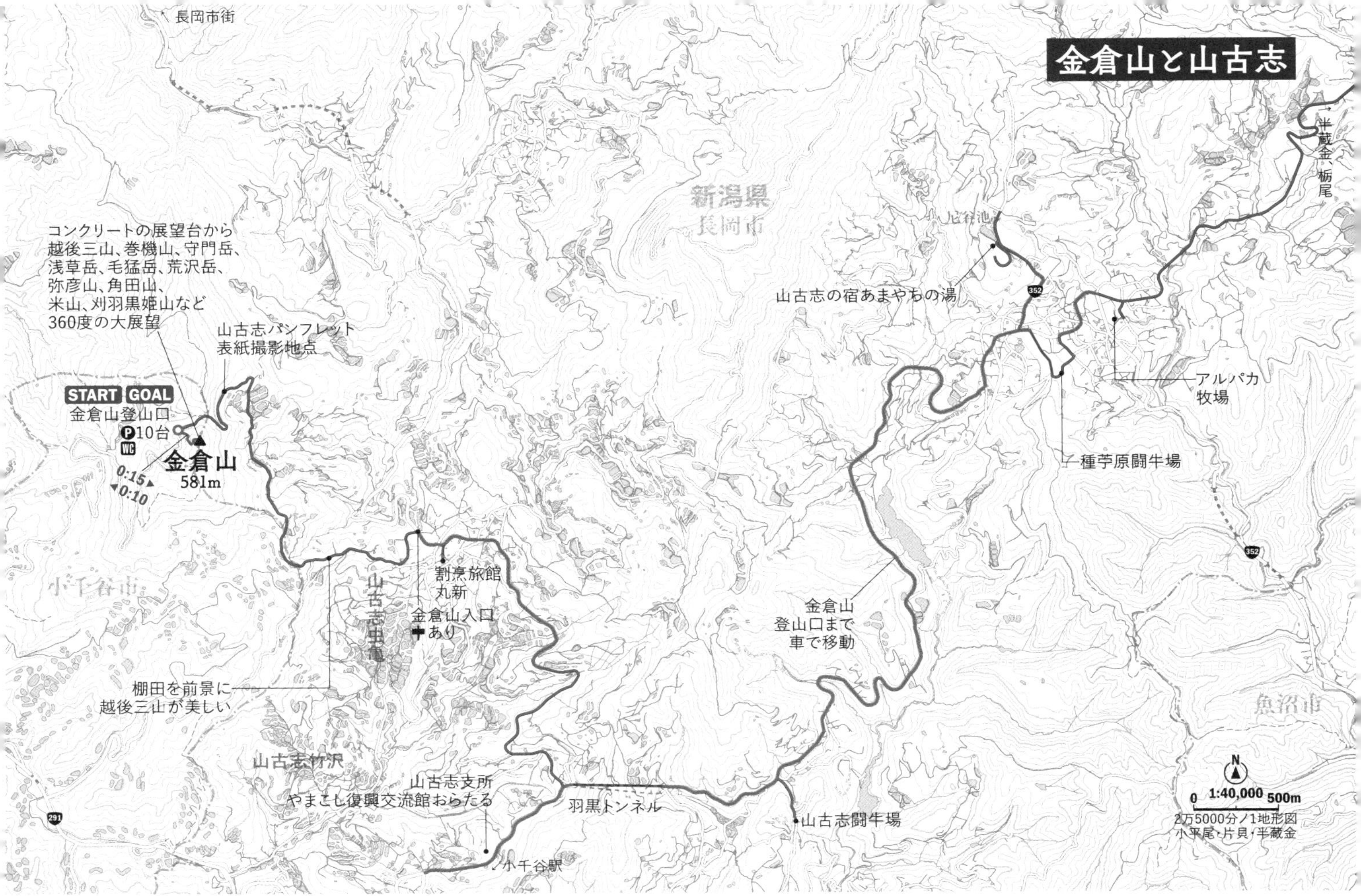

長岡市街
新潟県
長岡市
小千谷市
魚沼市
半蔵金、栃尾
コンクリートの展望台から
越後三山、巻機山、守門岳、
浅草岳、毛猛岳、荒沢岳、
弥彦山、角田山、
米山、刈羽黒姫山など
360度の大展望
山古志パンフレット
表紙撮影地点
START GOAL
金倉山登山口
P 10台
WC
金倉山
581m
0:15
0:10
山古志の宿あまやちの湯
352
アルパカ
牧場
種苧原闘牛場
割烹旅館
丸新
金倉山入口
あり
山古志虫亀
棚田を前景に
越後三山が美しい
金倉山
登山口まで
車で移動
山古志竹沢
山古志支所
やまこし復興交流館おらたる
羽黒トンネル
山古志闘牛場
小千谷駅
291
N
0 1:40,000 500m
2万5000分ノ1地形図
小平尾・片貝・半蔵金

高檜山

［群馬県］

雪山
夏道なし

霊泉の裏山を周回する、展望豊かな道なき山

高檜山は、その場所を一言で説明するのが難しい。谷川岳の南東にあり、武尊山の剣ヶ峰山から西へ鹿俣山、尼ヶ禿山などを連ねる尾根の末端近くに1315・1mの三角点を置く山だ。地形図に山名は載るものの、道記号も岩記号もない。地味そのものの印象だが、積雪期なら道はなくとも藪は雪に埋まり、山々の展望も楽しめるのではないか。水上方面へ向かう上越線が上牧駅を過ぎると、右下に見下ろす「釈迦の霊泉・奈女沢温泉」の看板が以前から気になっていた。この温泉までマイカーで入り、高檜山から板沢山へと縦走する、いわば温泉裏山の一周コースを思い着いた。

無雪期は沢沿いの林道を奥まで進むことがあるが、冬は雪崩の危険があるので、沢沿いは基本的に選択しない。しかし通年営業の温泉宿が沢奥にあるのは、雪崩の危険が少なく除雪もされていると判断。このルートなら充分に日帰り可能と、2012年4月8日、残雪を期待して向かった。

温泉手前に立つ「山の神様」の道標で山道へ。数分で着いた山の神様からは、岩交じりで道型皆無の尾根上を一本調子の登りだ。四足動員の急登が和らぐと、左手に浅間山や吾妻耶山などが望まれた。西へ延びる顕著な尾根に出ると、東面に雪庇が発達し傾斜は緩む。行く手には疎林に覆われた白い雪肌の高檜山が、意外に山らしい形で立ち上がる。だいぶ雪が深まってきたのでワカンを履

いた。傾斜が増した木立の雪面にキックステップを刻み、やや平坦になると背後に子持山、小野子三山、榛名山方面が広がった。青空に映える疎林は登るにつれてブナが多くなる。ますます傾斜の強まる雪斜面に小さく張り出た雪庇を崩し、這い登るとそこが高檜山頂上だった。

マイナーな山でよく見かける手製の道標が3種類。南東にわずか開け、赤城山と、これから下る板沢山方面の尾根筋を見渡せた。板沢山へは東への急な尾根を下るが、防火帯のように広く切り開かれた爽快な雪斜面。南面の雪庇に気をつけ、正面に武尊山、皇海山を見上げてずんずん下る。わずかな登り返しで尼ヶ禿山からの尾根に合わさり、南下。樹間に雪を蹴散らす緩い上下は快適そのものだ。ブナ林にヒノキが混在する１２８０ｍピークからは、武尊山、尾瀬の笠ヶ岳、至仏山、奥利根の山々などが白く輝いていた。雪尾根は広く穏やかに続き、ゆっくりと高度を落とす。東面が開けると、上州三峰山や戸神山、赤城山などが姿を見せる。雪庇に気使いながら下ると、雪の消えかかった木立の中に三等三角点が頭を出していた。板沢山だ。現在地を確認できて、ほっと一息。ワカンを脱いだ。

しかし、ここからの下りは難しい。南と南西に顕著な尾根が延びるのだが、めざす西への尾根は、下りはじめはただの急斜面で尾根の体を成していない。慎重に方角を定め、急下降に飛び込めば狙いは的中。細い尾根上に降り立った。道はないが藪は薄く、「六ノ二〇」の石標を見ると立ち木伝いの急下降で、ヤセ尾根上に露岩も現われる。尾根を忠実に末端まで下り、小沢と奈女沢を渡ると林道に出た。「温泉まで５００ｍ」の地点だった。

せっかく来たのだからと、末期がんをはじめ万病に霊験あらたかとの「釈迦の霊泉」へ。宗教じみた雰囲気が漂うものの、お湯はほかとは何か違う。私には効能書きの「高血圧」「脊柱管狭窄症」がヒットした。雪あればこその高檜山と思っていたが、雪がなくても歩けそうで、花と新緑の春、紅葉の秋もよいだろう。「釈迦の霊泉」での療養がてら、再訪したい高檜山なのであった。

高檜山

登山適期 1～4月

参考コースタイム

計5時間25分

山の神様登山口（50分）第1展望地（40分）第2展望地（45分）高檜山（30分）尼ヶ禿山分岐（1時間30分）板沢山（1時間）車道（10分）山の神様登山口

アドバイス

登山口から高檜山までは、胸突く急登が断続する。尼ヶ禿山分岐からの下りは支稜の分岐が多く、迷い込まぬよう注意。特に板沢山からの下降は地形図と磁石で慎重な読図を。必要に応じてワカンを使う。スノーシューは不使用時の携行性が悪く不利だろう。

マイカー

関越道水上ICから約15分で奈女沢温泉。温泉手前の山の神様登山口前に駐車場あり（無料、3台）。

問合せ先

みなかみ町役場

TEL0278-62-2111（山麓情報のみ）

登りはじめは露岩の急登だが、上部に岩場はない

日帰り温泉情報

釈迦の霊泉（奈女沢温泉）

万病に効くという釈迦の霊泉。宿泊は素泊まりのみ。

▶ 入浴料1000円
▶ 群馬県利根郡みなかみ町上牧3768
▶ TEL0278-72-3173

病気治癒の手紙がいっぱい

高檜山

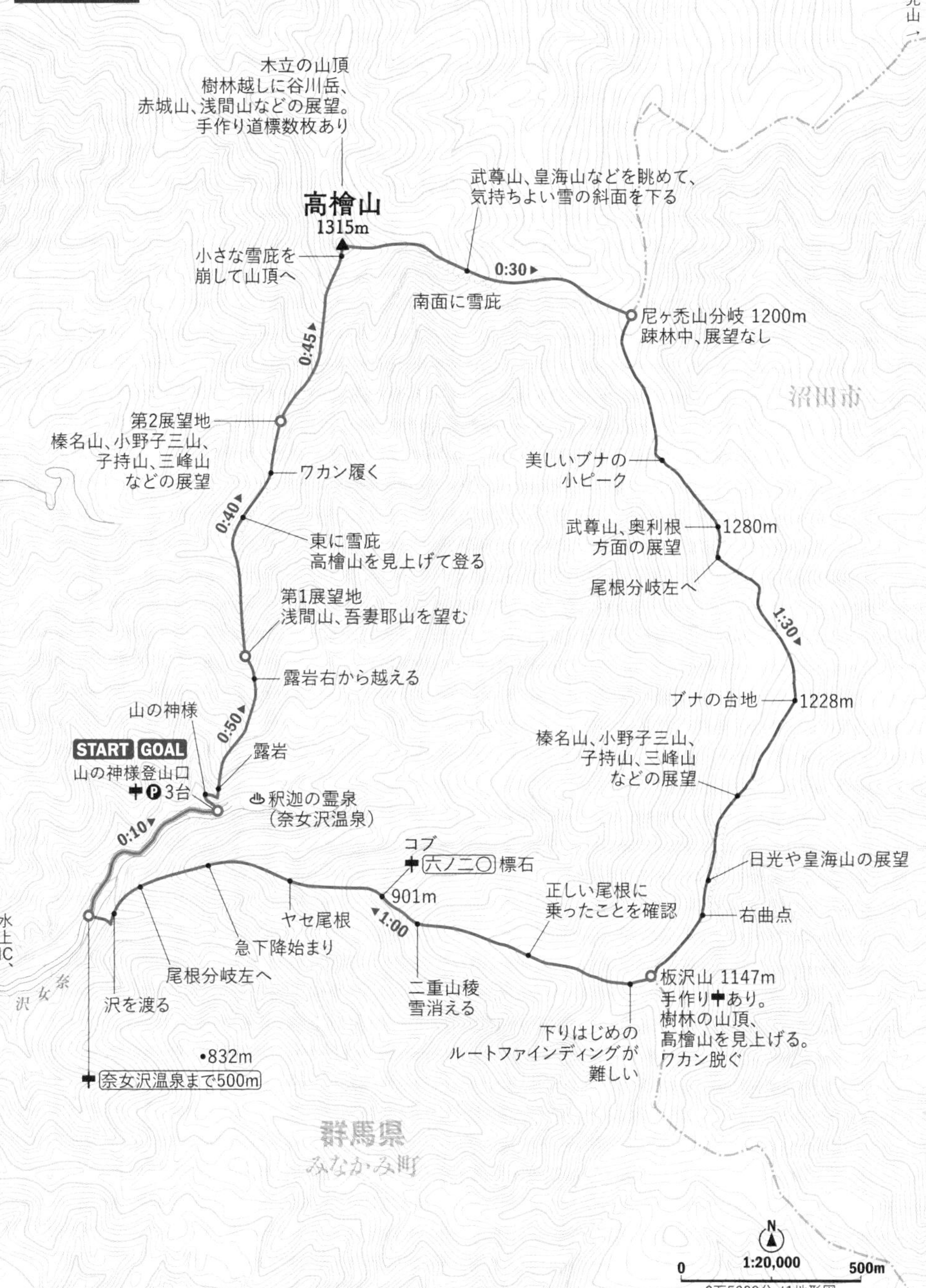

尼ヶ禿山
木立の山頂
樹林越しに谷川岳、
赤城山、浅間山などの展望。
手作り道標数枚あり
高檜山
1315m
武尊山、皇海山などを眺めて、
気持ちよい雪の斜面を下る
小さな雪庇を
崩して山頂へ
0:30
南面に雪庇
尼ヶ禿山分岐 1200m
疎林中、展望なし
0:45
沼田市
第2展望地
榛名山、小野子三山、
子持山、三峰山
などの展望
美しいブナの
小ピーク
ワカン履く
0:40
武尊山、奥利根
方面の展望
1280m
東に雪庇
高檜山を見上げて登る
尾根分岐左へ
第1展望地
浅間山、吾妻耶山を望む
1:30
露岩右から越える
ブナの台地
1228m
山の神様
0:50
榛名山、小野子三山、
子持山、三峰山
などの展望
START GOAL
露岩
山の神様登山口
P 3台
釈迦の霊泉
(奈女沢温泉)
0:10
コブ
六ノ二〇 標石
日光や皇海山の展望
901m
正しい尾根に
乗ったことを確認
ヤセ尾根
1:00
右曲点
JR上牧駅
水上IC、
急下降始まり
尾根分岐左へ
二重山稜
雪消える
板沢山 1147m
手作りあり。
樹林の山頂、
高檜山を見上げる。
ワカン脱ぐ
沢を渡る
奈女沢
下りはじめの
ルートファインディングが
難しい
832m
奈女沢温泉まで500m
群馬県
みなかみ町
N
0
1:20,000
500m
2万5000分ノ1地形図
後閑・藤原湖

獅子ヶ鼻山

［群馬県］

カメラの不調で登り直した、道なき展望の山

獅子ヶ鼻山は武尊山の剣ヶ峰山から西へ派出する尾根上の岩峰。東面は切れ落ちた絶壁で、武尊沢沿いの登山道から見上げると、ライオンの鼻先を思わせる。剣ヶ峰山から見下ろすと、低いが険悪な山容が気になる存在だ。しかし登山道はなく、無雪期に頑強な薮と闘って登りたいとは思わない。関東地方でも北辺なれば雪は豊富で、西麓には、たんばらスキーパークがある。冬だからこその獅子ヶ鼻山は、独特の山岳展望も望めるだろう。2017年2月22日、たんばらへと向かった。

スキー場から登るならリフト利用で、が近年の雪山常識のようだが、私のへそ曲がり精神は健在だ。リフトに背を向け、ペンション村への車道を進む。除雪終点の先でスノーシューをつけ、緩傾斜のゲレンデから右手の尾根へ踏み込んだ。広く緩い雪原から急登で着いたピークには「シャクナゲ群生地」の標柱が。無雪期のハイキングコースだったのだ。稜線への登りは雪壁状の急斜面。雪庇がこちらにのしかかり、その切れ目をめざして、逆に刺したストックをホールドに這い登った。

すぐ右が鹿俣山で標識はあるはずだが、当然、雪の下。夏道はここまであるけれど関係ない。行く手に沖武尊と剣ヶ峰山が鋭いが、めざす獅子ヶ鼻山は中間峰の陰。赤城山、子持山、戸神山、浅間山、玉原湖などが背後に広がり、谷川岳は一ノ倉沢の黒い衝立岩が目印だ。

緩く下ると獅子ヶ鼻山も姿を現わし、明るく穏やかな雪稜は舗装道路のような滑らかさ。しかし中間峰への登りにかかると南に雪庇が発達し、これを避けて北面の薮を巻く。雪稜からもう一度ダケカンバの斜面を巻くと中間峰。目前に獅子ヶ鼻山が凛と鋭く、低いくせに沖武尊と剣ヶ峰山を左右に従えているようだ。しかしこの先の雪稜に、一部切れ目のあるのが気になった。

カニ歩きでの急な下りが登りに変わってしばし、それは現われた。切れ目は南面への雪の崩落跡で、ここも北面を巻くが、薮は手ごわかった。下が空洞の雪面はしばしば踏み抜き、スノーシューは木の枝に引っ掛かる。ヒドゥンクレバスに下半身が落ちたのは冷や汗ものだった。稜線に戻れば段差激しいシュカブラが多いことも厄介だ。最後の登りは俄然急になるが、スノーシューのまま登り続ける。途中で15時と決めた撤退時間に遅れること3分。獅子ヶ鼻山頂上は足元にあった。

沖武尊、剣ヶ峰山が目前に高く、家ノ串がその間に顔を出す。北に燧岳、至仏山、平ヶ岳、中ノ岳、荒沢岳、巻機山。西から南へ谷川岳、子持山、榛名山、浅間山、八ヶ岳、赤城山と、曾遊の山々が白く全周に広がっていた。帰りは往路を慎重に戻り、第3リフト終点からゲレンデを下ったが、駐車場には私の車だけ。真っ暗になっていた。

会心の山といえる獅子ヶ鼻山だったが、一つ大きなミスを犯していた。帰宅後、写真をパソコンに移してビックリ。全部ぼやけているのだ。前夜、買ったばかりのカメラをいじったが、うっかりソフトフォーカスモードのまま山へ向かったのだ。

それが悔しく、4月3日に行き直す。今度はおとなしくリフト利用だ。第2リフト終点から左寄りに尾根上に出る。鹿俣山へは前回2時間30分だったが今回は30分。リフトの効用だ。2月と大きな違いは感じないが、シュカブラの段差はなだらかになり、逆に山頂へは雪面が締まっているのでアイゼンに履き替えた。下りはリフトに乗れないので、前回同様、鹿俣山を越えたところから雪壁を下ったが、初めてだと下降点の判断が難しいかも。2度目は納得の写真を撮ることができた。

獅子ヶ鼻山

登山適期 1〜4月

スノーシューが快適な獅子ヶ鼻山への雪稜。背後に雪庇の鹿俣山と、右奥に一ノ倉沢が黒い谷川岳

参考コースタイム

計6時間5分

第2リフト終点（30分）鹿俣山（45分）中間峰（1時間50分）獅子ヶ鼻山（55分）中間峰（35分）鹿俣山（30分）シャクナゲ群生地（15分）ゲレンデ（30分）除雪終点（15分）たんばらスキーパーク駐車場

アドバイス

尾根上一直線なのでルートは明瞭だ。しかし稜線は南に張り出す雪庇に注意。下りリフトには乗車できず、ゲレンデ内歩行禁止なので、帰りは本コースの下降点から尾根を下る。リフト利用で登る際には行きで下降点の確認が必要だ。この下りは雪壁状で雪庇崩落の恐れもあるので、慎重かつ迅速に。

マイカー

関越道沼田ICから約30分でたんばらスキーパーク。駐車場あり（3000台、平日無料、土日・祝日有料）

問合せ先

沼田市観光案内所
TEL0278-25-8555（山麓情報のみ）
たんばらスキーパーク
TEL0278-23-9311（スキーパークのみ）

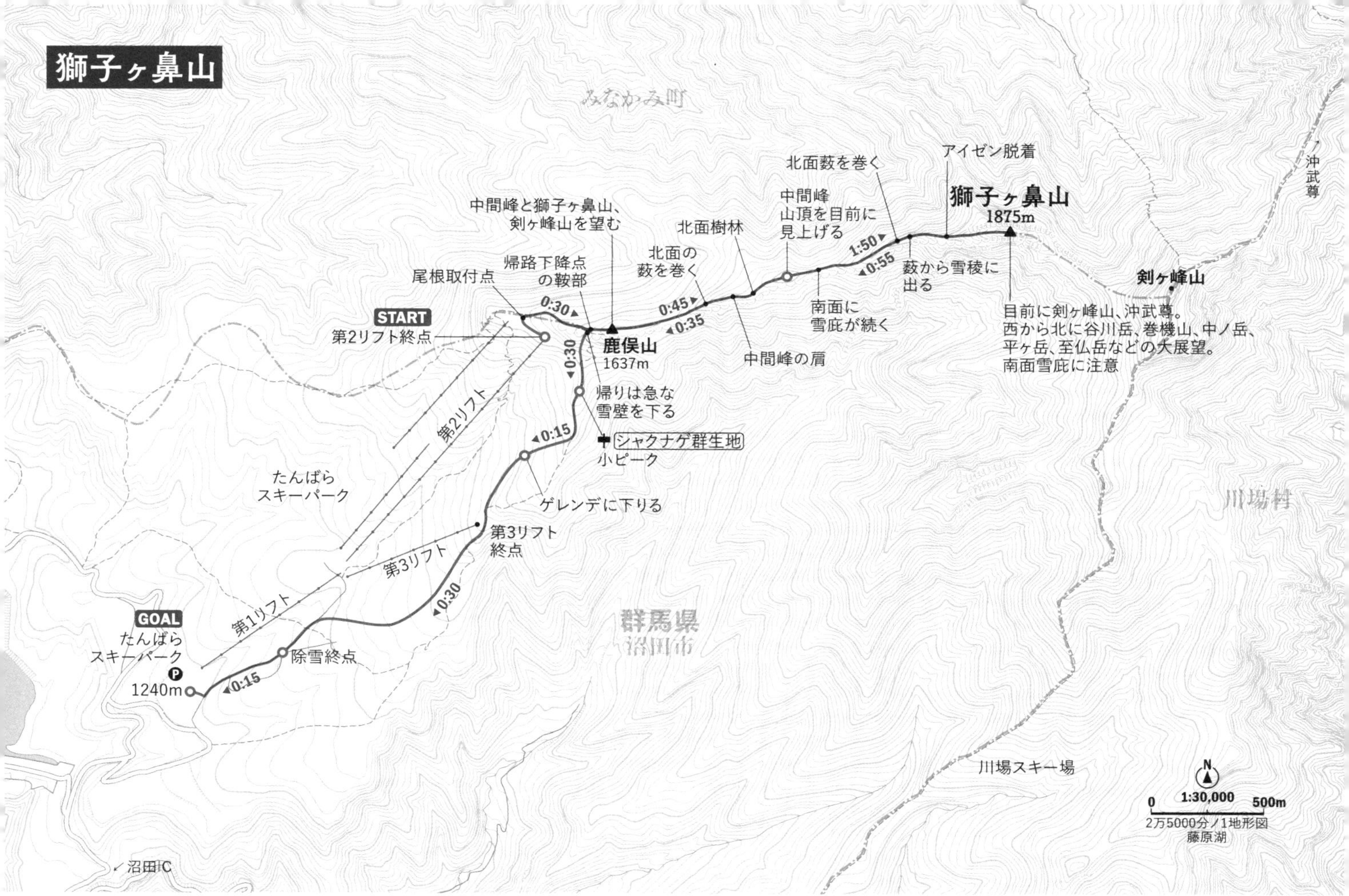

獅子ヶ鼻山

みなかみ町
沖武尊
アイゼン脱着
北面薮を巻く
獅子ヶ鼻山
1875m
中間峰
山頂を目前に
見上げる
北面樹林
中間峰と獅子ヶ鼻山、
剣ヶ峰山を望む
北面の
薮を巻く
帰路下降点
の鞍部
尾根取付点
1:50
0:55
0:45
0:35
0:30
薮から雪稜に
出る
剣ヶ峰山
目前に剣ヶ峰山、沖武尊。
西から北に谷川岳、巻機山、中ノ岳、
平ヶ岳、至仏岳などの大展望。
南面雪庇に注意
南面に
雪庇が続く
中間峰の肩
START
第2リフト終点
鹿俣山
1637m
0:30
帰りは急な
雪壁を下る
シャクナゲ群生地
小ピーク
0:15
第2リフト
たんばら
スキーパーク
ゲレンデに下りる
第3リフト
終点
第3リフト
0:30
第1リフト
GOAL
たんばら
スキーパーク
1240m
0:15
除雪終点
群馬県
沼田市
川場村
川場スキー場
沼田IC
N
0
1:30,000
500m
2万5000分ノ1地形図
藤原湖

高埘山（たかとややま）

［群馬県］

「生還」を実感した道なき雪山へ2度目で登頂

高埘山は『私が登った群馬300山』（上毛新聞社・2005年）の著者、横田昭二さんに教えていただいた。『山と高原地図 西上州』（昭文社）執筆にからみ、時々ご教示を仰いでいた横田さん宅へおじゃました折。話の中に高埘山が現われ、リビングの壁にはご自身で描かれた高埘山の油絵が。よほどお気に入りなのだろうと細かく伺うと、後日さらに詳しい資料を送ってくださった。

2万5000分ノ1地形図「藤原」の左下端にある1337・6mの三角点が高埘山だが山名記入はない。その南西「藤原湖」上端左の1331m標高点が石尊山。高埘山からは北東へ向かい、1119m標高点を経て南へ落ちる尾根もある。

もちろん道はなく、残雪頼りの山だ。登山口は水上方面から利根川沿いに遡り、藤原トンネルを抜けて間もなくの顕著な沢。横田さんは、978m標高点の尾根から高埘山に登り石尊山を往復、北東尾根を経て周回していた。10時間15分の行程、御年81歳の記録だ。73歳の私だが、とてもそれではキツすぎる。石尊山は外す計画で2019年3月9日、家を出た。

登山口はすぐわかったが、土曜日の道路渋滞ですでに9時半近い。低い堰堤を左岸から越え、登りやすそうなところを右へ。膝下くらいの雪だが、傾斜は急で、岩や木の根が隠れている。小尾根から出た稜線は、日当たりよく、露出した泥岩と雪がミックスの急登。送電線鉄塔に登り着くと、武尊（ほたか）山や至仏（しぶつ）山などが広がった。しかしここまで1時間半近く。横田タイムより30分遅い。

　両側の切れ落ちた雪泥岩稜は、ヒメコマツの数本立つ９３０ｍ峰で右に曲がると穏やかになり、鞍部でおにぎりとカップ麺の小休止。ブナやナラの穏やかな雪尾根は、９７８ｍピークを過ぎると行く手に木立をまとった高塒山が立ち上がる。急な登りは南からの尾根を合わせると緩やかになった。しかしすでに14時を過ぎている。鉄塔からここまで約3時間。山頂を往復すると下部の雪薮岩稜が暗くなりそうだ。怖じ気づき、撤退と決めた。

　雪の状態がよいうちに登頂したいと、翌週の好天を狙い、1時間早く家を出た。前回は古い山仲間と2人だったが、彼には悪いがお天気優先だ。登山口駐車場の雪は消え、全体に雪は減った。しかし半端な雪泥岩の急斜面は登りにくく、地面は凍結。単独の弱気か、時間も天気も好条件なのに、どこでギブアップしようかとそればかり。それでも鉄塔手前の雪が消えた斜面に、西へ下る踏み跡を発見し、帰りの危険が和らぐ期待をもてた。

　前回退却点まではほぼ同時間で着いたが、まだ12時過ぎで、ここまで来ると覚悟が決まる。左手に石尊山を眺め木立の雪斜面を登ると、頂上直下の小平地。目前の急斜面への突進は、こちらへ張り出す雪庇を避けて右上へ。しかしザラメのモナカ雪はサラサラ崩れる。一歩ごとに10回以上踏みしめ、たかだか30ｍの標高差を40分もかけ、ようやく山頂に這い上がった。

　思い出多い越後の山並みを眺めて一休み。40分の登りを1分で滑り降り、帰りは北東尾根のつもりだが、木立を透かして見ると上部の段差は激しい。あっさり軟弱変更で往路を戻った。鉄塔下から行きに気付いた西への踏み跡を下ると、沢に降り立ち登山口に戻り着く。往復だけなのに10時間近く、下山時の「生還」を実感する山だった。

　私がお宅に伺ったとき、横田さんは93歳。すでにプラス３００山、つまり群馬の６００山を登り、なおかつ道なき山を数人のガールフレンドと登り続けておられる。とても敵わぬお方と思い知った。

高塒山

登山適期 1〜3月

泥・薮・雪がミックスする下部の岩稜はやせていて、一般的な雪山と異なる危険が潜んでいた

参考コースタイム

計8時間

登山口（1時間20分）鉄塔（35分）930mヒメコマツの岩峰（25分）978m左曲ピーク（55分）南尾根合流点（2時間10分）高塒山（35分）南尾根合流点（20分）978m（15分）930m（30分）鉄塔（巡視路経由55分）登山口

アドバイス

登山口は藤原トンネルを出て2本目の沢で、数台の駐車スペースがある。道標、目印、踏み跡は送電線鉄塔付近以外、皆無だ。下部樹林のヤセ岩稜は緊張の連続だが、上部は部分的に急でも滑落の心配ない雪稜となっている。北東尾根へは山頂への急登下からトラバース可能。スノーシューは不適だが、ワカンは携行したほうがよい。

マイカー

関越道水上ICから約25分で登山口。駐車場あり（無料、数台）。

問合せ先

みなかみ町役場
TEL0278-62-2111（山麓情報のみ）

高塒山

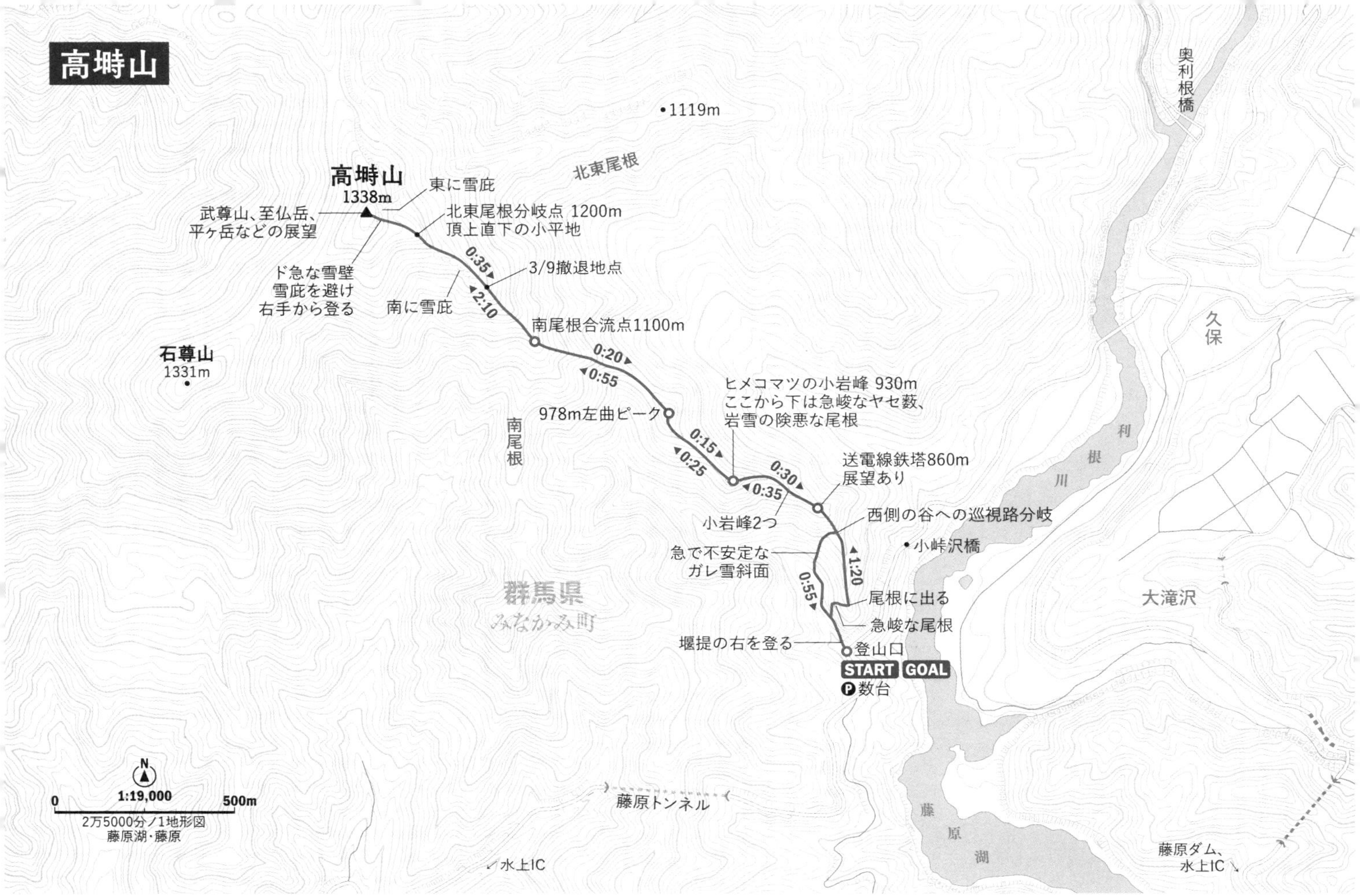

高塒山
1338m
武尊山、至仏岳、
平ヶ岳などの展望
東に雪庇
北東尾根分岐点 1200m
頂上直下の小平地
ド急な雪壁
雪庇を避け
右手から登る
南に雪庇
3/9撤退地点
0:35
2:10
北東尾根
1119m
南尾根合流点1100m
0:20
0:55
石尊山
1331m
978m左曲ピーク
南尾根
0:15
0:25
ヒメコマツの小岩峰 930m
ここから下は急峻なヤセ薮、
岩雪の険悪な尾根
0:30
0:35
小岩峰2つ
送電線鉄塔860m
展望あり
西側の谷への巡視路分岐
急で不安定な
ガレ雪斜面
1:20
0:55
尾根に出る
急峻な尾根
堰提の右を登る
登山口
START GOAL
P 数台
小峠沢橋
群馬県
みなかみ町
奥利根橋
久保
利根川
大滝沢
藤原湖
藤原トンネル
藤原ダム、
水上IC
水上IC
N
0
1:19,000
500m
2万5000分ノ1地形図
藤原湖・藤原

雪山 夏道なし

［新潟県］

堂平山

下山後、ベタープランに気づいた悔しい雪山

魚沼盆地周辺には、日帰りで楽しめる山が多い。岩場が多くキツめの金城山、カタクリで有名な坂戸山、八海山を間近に見上げる高倉山、その手前にありながら道なく残雪を利用して登った桂山、などなどを季節に応じて楽しんでいた。

六万騎山もカタクリの山だが30分ほどで登れるので、高校のクラス会で4月半ばに訪れた。残雪の際に咲くカタクリに会えたものの、六万騎山から奥へ続く残雪たっぷりの尾根が気になった。登山地図には、東の長森山を周回する道がある。長森山からの尾根は東に高まって八海山の大崎コースに突き上げる。登山道はないが、積雪期に少し奥の堂平山まで行けば、ダイナミックな八海山を見上げられるのではなかろうか。

２０１５年2月21日。長森山の登山口には清酒「八海山」直売店の「千年こうじや」がある。積雪期は除雪箇所が少なく駐車場所に苦労するが、帰りに酒を買うからと、駐車をお願いした。初めからワカンを付け、取り付く尾根はのっけから植林の急登だ。雑木林と変わり尾根がやせると地蔵ピークだが、お地蔵さまは雪の下。右に真っ白な八海山。八ツ峰の岩峰も雪の衣をまとっていた。そして左には、めざす長森山と堂平山が立ち並ぶ。

広い尾根がやせてくると細い雪稜の真ん中に立ち木が2本。間をくぐり抜け登りつつ振り返ると、金城山や巻機山、坂戸山などが開けてくる。尾根

がやせ、傾斜が増すと木立が少なくなった。急斜面をこちらへわずか張り出す雪庇を崩してずり上がると……まだ先が。山頂は間近のようだが、ねじれた雪稜が目前で、無雪期にはロープの張られる急斜面だ。しかし雪はしっかり落ち着いているので、体重をかけるに不安はない。激ヤセの雪稜を下り、登り返すと長森山頂上に着いた。六万騎山からの尾根が合わさり、登り来た尾根が低くうねる。ラーメンとパンで一息入れて、堂平山へ。

　八海山と堂平山を目前に見上げて進む雪稜は、雪質もよくなり歩きやすく、爽快そのものだ。安定した穏やかな雪だが、やせてくると雪庇を左右交互に張り出す。しかし動物の足跡が安全ルートを示していた。背後には魚沼丘陵の奥に米山や刈羽黒姫山がせり上がる。登り着いた堂平山は、まあるく細長い雪野原。見上げる八海山は、手前に猿倉山を衛兵のごとく従え、堂々の迫力だ。北には権現堂山の奥に守門岳。南方、高倉山の尾根奥に白く頭を見せているのは、多分私は未踏のままの利根水源、下津川山方面か。魚沼丘陵の遠くには、妙高山、火打山も霞んでいる。期待どおりの展望に満足し、往路を慎重に戻った。もちろんお土産は「八海山」だ。

　その後、長森山から六万騎山へは季節を変えて2回縦走したが、展望も行程もインパクトは薄く、堂平山へ行っておいてよかったと思いを強くした。

　しかし。あらためて写真と記録を眺め愕然とした。堂平山の下山時刻は15時。結果論だが、がんばれば猿倉山へも行けたのではないか。猿倉山への登りはかなり急な雪壁状だが、そこからはまったく前景を排した八海山の、谷底から一気に立ち上がる全貌を仰げるにちがいない。南へ５９２ｍの標高点を通る平坦部分の長い尾根は、さほど困難そうではないから周回できたのだ。

　しかしそれから5年後の今、あまり無理をしたくはない。トミオカホワイト美術館付近から尾根に取り付き、猿倉山へ往復したらよいだろうか。いや、堂平山へトレースをつなげて、南へ落ちる尾根を真っすぐ下れば人里はより近い。

　老いの血は、わき立つのであった。

堂平山

登山適期 12月～4月

参考コースタイム

計6時間

長森山登山口（1時間）地蔵（2時間）長森山（50分）堂平山（30分）長森山（1時間）地蔵（40分）長森山登山口

アドバイス

急な登降、狭い箇所がいくつかあり、スノーシューよりワカンがおすすめ。樹林の尾根だが展望はよく、登るほどに山々が開けてくるのは楽しい。長森山直下は急なヤセ尾根なので慎重に。場合によってはロープでの確保が望ましい。長森山から先は大展望の雪稜歩きとなる。

マイカー

関越道六日町ICから約15分で登山口。登山口前の「千年こうじや」にお願いして駐車させてもらう。帰りに土産などを買うこと。

問合せ先

南魚沼市商工観光課

TEL025-773-6665

（積雪期は山麓情報のみ）

堂平山への爽快な雪稜。背後には魚沼丘陵の右奥に米山が

＼立ち寄り情報／

千年こうじや本店［酒・土産］

長森山登山口にある八海山酒造直売店で、多様な酒類のほかに、うまいつまみも豊富に売っている。

▶ 新潟県南魚沼市長森627-8

▶ TEL025-775-2604

のぼりと建物が目を引く店だ

堂平山
浦佐
六万騎山
321m
麓
地蔵堂
麓
(ふもと)
真浄寺
登り来た尾根と、
坂戸山、金城山、巻機山
などを眺める
八海山を目前に見上げる。
背後には妙高山、火打山、
米山、刈羽黒姫山などが
魚沼丘陵の奥に頭を出す
八海山大崎口コース
までは道なし
長森山
540m
0:50
0:30
堂平山
630m
猿倉山
688m
無雪期には
ロープのある
急なヤセ尾根
長森山から東の尾根には夏道なし
雪庇に注意
2:00
1:00
393m
三角点は雪の下
八海醸造
魚沼の里
2本の立ち木の間を抜けるヤセ尾根
新潟県
南魚沼市
592m
長森
地蔵ピーク
八海山、長森山、堂平山、猿倉山
などの展望が広がる。
地蔵さまは雪の下
342m
1:00
0:40
千年こうじや
長森山登山口
START
GOAL
植林の急斜面
下山時は直進せぬよう
注意
下出浦
宇
川
沢
川
347m
上出浦
1:24,000
0
500m
2万5000分ノ1地形図
五日町
上原十字路
トミオカホワイト美術館
六日町IC

新潟県

無黒山

妻がリタイアした雪山へ、翌週2人の孫と登る

無黒山は巻機山登山口の清水集落と、登川を挟んだ対岸の山だ。自宅から日帰りができて、アクセス容易、登山道はないが雪を利用して登れば展望がよさそう。そんな山を地図で探し、見つけた山だ。以前、清水の東にある威守松山に登り、大源太山の雄姿に感動したが、少し角度を変えたらどんな展望が待っているか、との期待もあった。

２０１８年3月17日。6時に妻と家を出る。地形図で見当をつけた無黒山への入口は巻機山の冬季登山口で、約20台の駐車スペースはほぼ満車。巻機山に背を向け、民宿「雲天」の背後、雪に埋もれた林道を西へ。広大な雪原を登川、ロクロ沢と渡るが、橋上の積雪は欄干より高い。無黒山の東、１０５０ｍピークから南東へ落ちる尾根が比較的緩く雪崩の恐れも少なそうなので、それを登路と決めていた。尾根の取付で妻はワカンを、私はスノーシューをつけ、植林の急斜面を登りだす。

しばしの急登で背後に柄沢山方面が、右手に巻機山が広がる。樹間から左に見える険悪なピラミッドは何山かと地図で調べると、湯沢町との町界尾根から東へ派出する１０７４ｍの肩状地点だった。植林を抜けると巻機山や朝日岳方面の稜線も広がってくる。まばらな雑木林の中、雪は安定しているが、一本調子の急登はしんどい。ようやく平坦になると、めざす無黒山と１０５０ｍピークが行く手に高まった。しかし登山口から3時間、

頂上へはあと2時間はかかりそうだ。妻は体力の限界を訴え、無理は禁物と来た道を戻った。

ところでこの無黒山。地形図の山名はなんとも不可解だ。ホントは「骸山（むくろやま）」で姨捨（おばすて）山だったのか。荒地や野原の雑草を示す「葎（むぐら）」が転訛したのか、など気になってしょうがない。旧知の清水の民宿、上田屋食堂の小野塚勝一さんに聞いた。かつて遭対協のリーダーで山に詳しい。するとこの辺は旧上田村で、『上田郷土記』に「む久路山」の記載があり、小規模ながら鉛の鉱山があったそうだ。私の推測は外れていたが、上田屋の店名由来に納得した。また山頂と１０５０ｍピークの吊尾根が臼のように見えるので「臼小屋（うすごや）」の別名もあるとか。山麓の大雪原は牧場だったとの話も聞いた。

妻と同行時の雪と天気はすばらしく、できるだけ早めにと翌週、高1と中1の孫と再訪。足は二人ともゴム長にロングスパッツだ。私はスノーシューで先頭を、高1にワカンを履かせ、二人のトレースを中1がツボ足で追う。しかしゴム長でのワカンは外れやすく、途中でデポした。

さすがの若さで、前回撤退地点には1時間早く着いた。しかし単調な登りに高1はすぐ飽きる。中1を引きずり込んで、しばしばのお菓子タイム。ストックを2本横に束ねて雪面でのホールドにする急登で、１０５０ｍに出て驚いた。向こうが切れ落ちた鋭い雪稜で、無黒山へのヤセ尾根上の雪は不安定そう。雪山が初めての二人にはリスク高すぎだ。しかしこの光景を見た高1は態度激変。チンタラモードが、やる気全開となった。「ヒャッホー！」と雪稜を叫び下る高1と逆に、実直確実な登高をしていた中1は腰が引ける。木の根の穴に落ちそうになりつつ登りに転じると、ストックを逆に突き刺す急登で、無黒山に躍り出た。

巻機山から朝日岳のパノラマは期待どおり。しかし町界尾根の奥に頭を出す大源太山は、威守松山からのダンディさはなく、無骨な悪相だ。その威守松山は柄沢山の手前で背景に沈んでいた。

帰りは雪の尾根を駆け下り、シメは左の沢への尻セード。温泉と騒ぐ二人にせかされて、上田屋食堂の「山菜だらけそば」はまたの機会となった。

無黒山

登山適期 1〜3月

参考コースタイム

計6時間5分

巻機山冬季登山口駐車場（35分）尾根取付点（1時間40分）無黒山を望む小平地・前回撤退地点（40分）1050mピーク（55分）無黒山（40分）1050mピーク（15分）前回撤退地点（50分）尾根取付点（30分）登山口駐車場

マイカー

関越道塩沢石打ICから約20分で巻機山冬季登山口。路肩に駐車スペースあり。

問合せ先

南魚沼市商工観光課

TEL025-773-6665（山麓情報のみ）

アドバイス

子どもの成長は早く、雪山用具をそろえても無駄が多い。低山で、積雪、気象条件がよければ、大人同様の装備は不要だ。ゴム長は自前だが、ロングスパッツ、雨具のアウターは私のお古。スノーシューならゴム長でも外れなかったかと後で気付いたが、結果的にツボ足でOKだった。

木の根の穴にハマり込み、もがく中1

立ち寄り情報

上田屋食堂［麺類］

巻機山登山口・清水の民宿。メニューは「山菜だらけそば」一品のみだが、山菜のボリュームに圧倒される。

▶ 新潟県南魚沼市清水465
▶ TEL025-782-3403

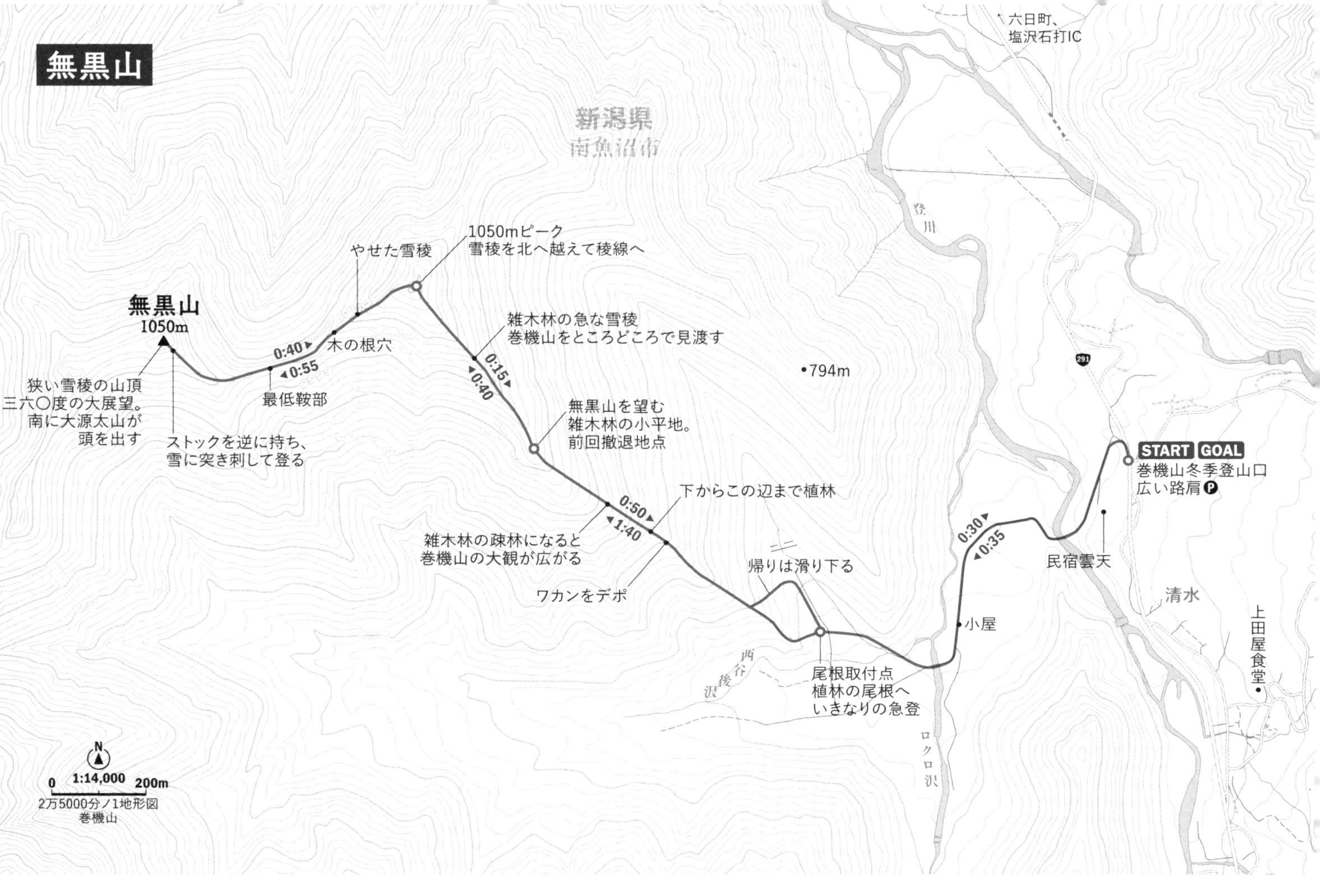
無黒山
新潟県
南魚沼市
六日町、
塩沢石打IC
無黒山
1050m
狭い雪稜の山頂
三六〇度の大展望。
南に大源太山が
頭を出す
ストックを逆に持ち、
雪に突き刺して登る
0:40
0:55
最低鞍部
木の根穴
やせた雪稜
1050mピーク
雪稜を北へ越えて稜線へ
雑木林の急な雪稜
巻機山をところどころで見渡す
0:15
0:40
無黒山を望む
雑木林の小平地。
前回撤退地点
•794m
登川
0:50
1:40
雑木林の疎林になると
巻機山の大観が広がる
下からこの辺まで植林
ワカンをデポ
帰りは滑り下る
西谷後沢
尾根取付点
植林の尾根へ
いきなりの急登
ロクロ沢
小屋
0:30
0:35
民宿雲天
START GOAL
巻機山冬季登山口
広い路肩P
291
清水
上田屋食堂
N
0 1:14,000 200m
2万5000分ノ1地形図
巻機山

ESSAY

山と車と

山へのアクセスはマイカーだ。自宅から駅までと、山麓交通機関の不便なことが発端だった。しかし使うほどにその便利さ、自由さはもう手放せない。どうせ林道で傷だらけになるからと、当初は安い中古車ばかり。しかし安全と快適さを求めて50代で新車を買ってから、車へのこだわりが強くなった。

駐車場に一発でピタリと止めることが難しくなった自覚から、運転アシストシステムのついた車を、と思いはじめた。そして買うにあたっての条件はいくつか。まずは走行滑らかで高速道路で疲れにくいこと。林道での安全安心のために地上高高めの四輪駆動。しかも「四駆もあります」ではなく、四駆が基本のメーカー製品。車中泊は仮眠ではないので、平面で全身を伸ばして熟睡できること。

また、最近の車はスペアタイヤが付属せずパンク修理剤のみだが、側面バーストが多い林道でこれは無意味だ。せめてオプションでスペアタイヤを装着できること。外国車を含めて検討したが、たったこれだけの必須条件をクリアする車は極めて少ない。さらに欲をいえば、音質よいオーディオ、冬場を考えれば全席のシートヒーター、ステアリングヒーターも……。結局、すべてを満たしたのは、従来と同じく国産のスバル「アウトバック」だけだった。

日本海 島の山旅

山に登って海が見えるとうれしい。
そこに島影を見つければ、強く心引かれる。
海という膨大なバリアに阻まれた閉鎖空間が、
陸続きの山と異なる特殊性を訴えるからなのだろうか。
島への好奇心、探求心は山と同じだ。

山を求めて日本海の島をめぐる

山へ登って海が見えると、なぜかうれしくなる。海に島影があれば、大げさだが新大陸発見者とその興奮を分かち合える気分。

守門岳、米山、鋸山、粟ヶ岳、越後白山、菅名岳、五頭山、角田山、二王子岳、高坪山、朴坂山、光兎山、鷲ヶ巣山、新保岳、などなど越後の低山へ登るたび、日本海に浮かぶ気になる島が二つあった。

一つは、どデカい佐渡島だが、あまりに有名観光地の印象が強く興味をそそられない。山はたくさんあるらしいが、最高峰・金北山とドンデン山の縦走に登山者は集中するようで、アルプス並みの人混みの山、と偏見をもっていた。

もう一つは粟島で、大きさ程よく、越後の低山へ通うほどに憧れは大きくなる。山といえるほどのピークはない粟島だが、一度訪れたら本州にはない魅力にハマり、再度訪問することに。

そして粟島より北、東北地方の日本海には飛島がある。3島で最小のこの島には一泊の滞在だったが、渡航のために訪れた酒田の街に引き寄せられ、その後の山旅を大きく広げてくれたのだった。

しかしこうなると、最大の佐渡島へ偏見だけで行かないのはもったいない。この際、どデカい佐渡を知り尽くしたいと、佐渡島だけで5泊の山旅を計画したのだった。

日本海 島の山旅

N
1:1,450,000
0 50km

秋田駅
雄物川
秋田県
羽後本荘駅
JR羽越本線
飛島
勝浦
鳥海山
酒田
酒田駅
胎蔵山
最上川
鶴岡駅
JR陸羽西線
金峯山
山形県
鼠ヶ関
摩耶山
月山
粟島
内浦
JR羽越本線
山形自動車道
新保岳
大朝日岳
村上
鷲ヶ巣山
岩船
村上駅
祝瓶山
荒川
両津湾
両津
光兎山
坂町駅
赤湯駅
阿賀野川
佐渡島
信濃川
JR米坂線
真野湾
佐渡海峡
新潟駅
新潟
新発田駅
JR白新線
米沢駅
二王子岳
飯豊山
小木
山形新幹線・JR奥羽本線
角田山
上越新幹線
新津駅
新潟県
喜多方駅
JR磐越西線
弥彦駅
檜原湖
菅名岳
燕三条駅
JR越後線
JR信越本線
磐越自動車道
粟ヶ岳
会津若松駅
御神楽岳
猪苗代湖
長岡駅
北陸自動車道
柏崎駅
JR只見線
福島県
直江津↓
米山
越後川口駅

粟島

新潟県

幻となった粟島山稜全山縦走コース

越後の山々から眺め気になっていた粟島へ、ようやく渡る日がやってきた。島は南北に細長く、山脈と呼ぶ規模ではないが、島の形なりに穏やかな山稜が延びている。最高点は小柴山（２６６ｍ）で、一等三角点が置かれ粟島灯台が立つ。周囲約23kmの外周にほぼ沿って、舗装車道が整備されている。レンタサイクルで一周して島の概観をつかみ、小柴山ともう一つの三角点、逢坂山（２３５ｍ）に登ろうと計画を立てた。

島へのアクセスは、村上市の岩船港からの粟島汽船で、その港がある内浦が玄関口だ。内浦には役場や学校があり、南の集落・釜谷とは山稜鞍部の背中平を越える県道で結ばれる。本土とのフェリーには一般の車やバイクは乗せられないので、島内は数少ない島民の車だけ。車道でも安心して歩け、レンタサイクルを楽しめるのだ。

島内一周と二つの三角点へ

２００９年5月1日。前夜は関越道の越後川口ＳＡで車中泊。岩船港からの高速船はガラ空きで、背後には雪白き山々が春霞の中に遠ざかる。粟島に近づき驚いたのは、新緑のなかに群生する満開のサクラ。季節の進みが、ひと月ほど遅いのだ。1時間弱で着いた内浦港に荷を預け、役場でレンタサイクルを借りた。今は電動アシストがあるけれど、このころはママチャリのみ。

東岸の車道を北へのんびり向かう。旗崎(はたさき)は、水際で奇岩を眺める稀少なスポットだった。傾斜を増す車道にはどデカいタンポポをはじめ、植物が皆大きい。暖流である対馬海流の影響か、植生の雰囲気も南国的だ。ヘリポート分岐を右に下ると鳥崎(とりさき)展望台で、海の向こうに朝日連峰らしき山々が霞んでいた。緩やかな屈曲で着いた八ッ鉢(やばち)からは荒々しい海食崖を見下ろすが、その先の仏崎(ほとけざき)展望台からは「にいがた百景」の美観が広がっている。柱状節理の立(たて)島と、奇岩をちりばめたエビスヶ鼻が絵ハガキのようだ。新緑とサクラのコラボに見とれ、内浦と結ぶ県道を釜谷へと下った。

タコ、サザエ、生のりなどたっぷりな、かもめ食堂の磯ラーメンで腹を満たすと、八幡鼻(はちまんばな)への登りだ。鳥居の立つ入口に自転車を止め、八幡神社を過ぎると木段の上下で八幡鼻。見下ろす海には競艇のように舳先を上げて、数隻の漁船が疾走する。大謀網(だいぼうあみ)（大型定置網）の設置か回収か、初めて見る迫力だった。矢ヶ鼻(やはな)へは最後の登りだが、キツいこと。自転車を押す体力は登山者ならではだ。そして登り着いたあずまやから北への下りは、思ったとおり爽快なダウンヒル。海へ飛び込むかのような下りはキャンプ場まで続き、のんびりと内浦に戻り着く。内浦と釜谷、両方の集落を体験したく、この日は迎えの車で釜谷の民宿へ。日本海に沈む夕日が印象に残った。

漁港見物から戻っての朝食は名物のわっぱ煮だ。杉細工のわっぱに、焼き魚、ネギ、味噌、お湯を入れ、高温に熱した石を投げ入れる。豪快な漁師料理で、雰囲気以上に味は感動ものだった。

内浦に戻り逢坂山をめざす。地形図の破線どおりに町から山へ向かったが、稜線で道は途切れた。超低山だが南国的ジャングルのような藪尾根に右往左往の末、藪なかに逢坂山の二等三角点を発見。来た道を下り山腹の中道(なかみち)を南へ。草深い道からは大謀網漁を見下ろせた。舗装路を下ると背中平で、灯台入口はすぐそこ。長い石段を上ると白い灯台の立つ小柴山だ。最高点だが展望はなく、わずか樹間から沖行く船を眺めるのみ。灯台入口から県道を下り、内浦の宿に泊まった。

3日目は粟島の島開き。フェリーに満載の観光客を、大漁旗で飾った漁船が総出で迎える。私たちも漁船に乗り、島民気分でフェリーに手を振った。港には急ごしらえで、わっぱ煮の野外食堂が広がり、粟島で一番のにぎわいだ。漁火温泉「おと姫の湯」に浸かり、午後の船で島を後にした。

新設と未開の縦走路

春がすばらしかったからと秋の再訪を考えたが、秋は海が荒れて船の欠航が多いそうだ。そのうち、前回訪問時に知り合った役場の方から、縦走路ができたとの知らせ。薮と闘った逢坂山を通る、その名も「パノラマ新道」だ。新道は北半分だが南半分も開発中とのこと。二つをつなぐ粟島全山縦走を、と勢い込んだ。今回も内浦、釜谷と2泊だ。

2012年6月13日。前日は摩耶山越沢(まやさんこえさわ)コースを登り、鼠ヶ関(ねずがせき)の民宿「咲(さき)」に泊まった。今回はフェリーで粟島へ。高速船より30分ほど遅いが昼には内浦港に着いた。この晩の宿に荷を預け、まずはパノラマ新道へ。前回、自転車で走った舗装路を歩き、鳥崎と分かれへリポートへ向かう。このあたりは牧平(まきだいら)と呼ばれ、かつて野生の馬が棲息していたそうな。

パノラマ新道の道標から尾根道へ。広く刈り払われた道は尾根上を緩く上下し、歩きやすい。しかしタブノキなど南国情緒にあふれるが樹林はずっと続く。時折、海を見下ろし、懐かしい逢坂山は小広く開けていたが、ここも樹林の中。内浦への下降点など数カ所に道標はあるものの、携帯基地局の立つ車道に出るまでほとんど展望は得られず、「パノラマ」とは残念ながら名前負け。灯台入口からコミュニティバスで内浦の宿に戻った。

翌日の午前中は、観光船シーバードで粟島を海から一周。東側の穏やかな海岸線に比べ、西側は岩塊躍る奇景の連続だ。崖上の車道から見下ろした風景よりはるかに荒々しく険悪だが、懸崖に群生するオレンジ色のイワユリが艶(なま)めかしかった。

内浦からバスで釜谷へ。昼は今回も、かもめ食

船でのアクセスは旅情を盛り上げる。高速船は現在、双胴船に代わり、より快適な船旅となった

堂で磯ラーメン。同名の映画と関係はない。

午後は開発中の南半分縦走路を小柴山へ。釜谷の民宿で矢ヶ鼻へ送ってもらい、あずまやの先から尾根に入ると、背後に海が大きく広がった。ササや樹林の尾根は複雑に起伏し、切り開きはかすか。地形図と磁石で現在地を確認しながら、慎重に進んだ。パノラマ新道より好展望で、矢ヶ鼻登山口から約3時間。小柴山で粟島の全山縦走はつながった。

粟島は釣りやバードウォッチングの観光客は多いが、山登りで来る人はほとんどいない。全山縦走コースが完成すれば、登山者の足が向くかと期待した。しかし南半分の整備はその後さまざまな理由で中止となった。私の踏み跡は密藪に埋もれていることだろう。そして観光船シーバードは老朽化で廃止。パノラマ新道がエコマラソンのコースで活用されているのは、わずかな救いだ。

私なりに粟島の山を楽しんだものの、すでに昔話。粟島は島の山旅のきっかけだったが、山にこだわらないほうが、楽しめる島だといえそうだ。

粟島

登山適期 5〜9月

参考コースタイム

[パノラマ新道] 計3時間55分

内浦（40分）ヘリポート入口（1時間）逢坂山（40分）車道終点（25分）灯台入口（20分）小柴山（15分）灯台入口（35分）内浦

[レンタサイクルで島一周] 計4時間10分

内浦（55分）鳥崎展望台（40分）仏崎展望台（50分）釜谷（20分）八幡鼻入口〈八幡鼻展望台往復徒歩40分〉（10分）矢ヶ鼻あずまや（20分）キャンプ場（15分）内浦

アドバイス

レンタサイクルでの島一周と、わっぱ煮はぜひとも。パノラマ新道は展望に期待しなければ、南国風情を楽しめる道だ。八幡鼻展望台への遊歩道は現在八幡神社までで、2021年以降に展望台への道が復旧予定。粟島へは地方（じかた。島民は本土をこう呼ぶ）から日帰り可能だが、一泊はしたい。

アクセス

村上市の岩船港からフェリーまたは高速船で粟島・内浦港へ。マイカー、バイクはフェリー不可。岩船港に駐車場あり（無料）。

問合せ先

粟島観光案内所TEL0254-55-2146
粟島汽船（フェリー・高速船）TEL0254-55-2131

釜谷集落へ向かって下る。レンタサイクルが快適だ

日帰り温泉情報

漁火温泉 おと姫の湯

港から徒歩5分の日帰り温泉。日本海を眺める。

- 入浴料500円
- 新潟県岩船郡粟島浦村日ノ見山1513-10
- TEL0254-55-2146

立ち寄り情報

かもめ食堂［食堂・弁当］

磯ラーメンのほか、浜カレーなども。

- 新潟県岩船郡粟島浦村釜谷1099
- TEL0254-55-2533

釜谷の中ほどで、すぐわかる

粟島

日本海
伊ノ浦
パノラマ新道入口
ヘリポート
鳥崎
鳥崎展望台
ヘリポート入口
◀0:40
八ッ鉢鼻
八ッ鉢鼻展望台
内浦から鳥崎展望台までのコースタイム
緩やかな樹林の尾根道
◀1:00
パノラマ新道
0:40▶
0:55▶
仏崎展望台
仏崎
樹林中の切り開き
逢坂山
235m
旗崎
海沿いの歩道
行く手にアンテナが見える
内浦下降点
車道終点
パノラマ新道入口
au、ドコモのアンテナ
エビスヶ鼻
奇岩いっぱい
シャガの鞍部
漁火温泉おと姫の湯
粟島漁港
◀0:40
竹林
内浦
切石ヶ鼻
立島
源泉地
入浴施設ではない
中道
内浦 START GOAL
観光案内所
汽船乗り場前
食堂あわしま屋
◀0:50
0:25▶
灯台入口
背中平
0:35▶
長手鼻
丸山
県道321号
0:20▶
◀0:15
灯台入口
石段を上って
小柴山へ
0:15▶
小柴山
266m
キャンプ場入口、道は広くなる
岩船
粟島灯台（無人）
南西わずかに開ける
釜谷
かもめ食堂
新潟県
粟島浦村
山崎
釜谷
0:20▶
◀0:20
八幡鼻入口
八幡神社
0:10▶
八幡鼻
◀0:40▶
自転車で海へ飛び込むように下る
豪快なダウンヒル
あずまや
大島
矢ヶ鼻
0:20▶ は
自転車のコースとタイム
八幡鼻展望台
海と絶壁の
景観が広がる
N
0 1:40,000 500m
2万5000分ノ1地形図
粟島

飛島

［山形県］

山の世界を広げたジオパークの不思議島

飛島を山から眺めたことはない。粟島へ2回訪れ、もっと北に、より小さい島のあることに気付いたのだ。最高点は標高68mの高森山で低い台地状の島だ。周囲は約10kmで、南北に延びる尾根上と、東の海岸沿いに車道がある。西側に道はないが、海際を歩くことは可能で、島を一周できると聞いた。山登りとはいえないが「海際を歩く」好奇心も手伝って、酒田港からの定期船に乗った。

飛島はジオパークの不思議島

2017年5月5日　前日は新潟・山形県境の日本国に登り、酒田港には7時過ぎに着く。さすがゴールデンウィーク真っただなかで、さかた海鮮市場の食堂は長蛇の列。飛島への双胴船もそこそこの混雑で、船内では乗員が飛島や船の説明をしてくれた。背後に鳥海山が高いが、行く手に初めて見る飛島は、拍子抜けするほど低く平坦だ。10時半ごろ、飛島の勝浦港へ。港の無料レンタサイクルは、すでに出払っている。民宿に荷を置き、歩いて島一周へと出掛けた。

船から降りた大勢の観光客は、とびしまマリンプラザのある勝浦付近にたむろしているだけで、北へ向かう車道は閑散だ。粟島同様、島外からの車やバイクはなく、静かな車道で中村集落も通過。登り坂から右へ「飛島自然環境保全林」の看板で山道に入ると10分弱であずまやの立つ鼻戸崎展望台。海越しに鳥海山を、そして勝浦港から人家の連なる海岸線を見渡せた。遊歩道にはタブノキが多く、これも暖流の影響か。山形県内最北なのに平均気温は県内最高とのこと。アカマツ、クロマツがみごとな巨木の森を抜け、先ほどの車道を北へ。ヘリポート前で尾根への車道を分け、緩く下ると法木の集落だ。落ち着いた雰囲気の漁村に防波堤が続き、行き止まりにその切れ目があった。

なんの表示も案内もない切れ目から浜に下りると、突如異界が広がる。足元は砂でなく貝殻の破片がぎっしりと堆積し、その先には海へ向かって大きく広がる白い岩盤が。いや、岩盤とはあとで知ったのだが、巨大な白く硬い地面は果たして地面なのか。下が空洞で、乗ったらズボッと割れて海に落ちるのではないか。興味と恐怖が入り混じったが、とりあえず陸際を歩こう。

飛島は海底火山の噴火と堆積、隆起で出現した島で奇景が多く、鳥海山・飛島ジオパークとされている。干潮時だから海上に出ているこの白い地面は、飛島の周囲に大きく広がる海食台とか。少し沖には黒く平らな岩盤にふたコブの岩が乗る二俣島。島全体が玄武岩の柱状節理でできていて、そのてっぺんが平坦に露出しているそうだ。

左に赤い鳥居の八幡神社を見上げ、八幡崎を、そそり立つ奇岩縫いつつ回り込む。北アルプスの燕岳で見る丸みを帯びて表面がザラザラの、花崗岩だろうか。それにしては全体が不気味な焦げ茶色。異星でモンスターに囲まれたかのようだ。島の西側に出てほっとすると、すぐ脇には砲弾型の小岩峰。無数の亀甲がギッシリ覆う表面は、これも柱状節理の頭だろう。行く手遠くには飛島より標高の高い御積島や、メガネのような烏帽子群島が奇怪だ。上陸すればさらなる奇景を見学でき、二俣島とともに島めぐりのツアーがあるらしい。

陸へ向かう壊れかかった階段を上ると「八幡崎展望台」を示す道標があったが、道は薮に埋もれている。かつては遊歩道があったのだろう。無数の黒い巨石が散乱する海食台を進むと、尾根から張り出す岩場を越える。岩と海面が交錯するなかにルートを探るのは薮岩魂の面目躍如だ。無事通過し、浜を埋める漂着ゴミの間を進むと荒崎に登り着く。尾根末端の段丘にはベンチが置かれ、御積島、烏帽子群島が怪異さを際立たせる。島内へ木道が明瞭に延びていた。

浜にゴロゴロ転がる人頭大の丸い石は、進むにつれて灰色から黒に変わる。木立に埋もれる明神(みょうじん)の社(やしろ)を眺め、突き立つ奇岩の脇を登ると庭砂利のような玉石が敷き詰められていた。「賽の河原」の道標があり、その先は険悪な岩場だが手すり付きの遊歩道が続いている。観光地に帰り着いたと内心ほっとした。山で人けがないのはいつものことだが、海際だとなぜか心細い。溶岩由来の奇岩群を抜け出ると目前に館岩(たて)がそそり立つ。階段で展望台に上ると、勝浦港はすぐ下だった。

館岩は島の南東に突出し、勝浦港を波濤から守っている。江戸から明治時代、大阪と北海道を結ぶ北前船(きたまえぶね)が航行していた。北前船は運送だけでなく、数ある寄港先で積荷を売ったり、商品を仕入れたりの動く総合商社。文化の伝播にも多大な影響を残したが、酒田はその主要な寄港先だった。しかし帆船は風や潮流に運航を左右される。酒田への入港が困難な折の避難待機場所として、飛島は館岩あってこその貴重な存在だったのだ。

宿は間近だがまだ15時前。レンタサイクルの多くは帰着していた。妻は宿に入り、私は高森山を確認したくて自転車にまたがる。朝の道路を自転車で走り、ヘリポートから尾根上の車道へ。ツアーらしき一団が高そうなカメラや望遠鏡の三脚を並べている。飛島は渡り鳥の中継地として、国内有数のバードウォッチングの聖地なのだ。

高森神社の先で灯台への林道へ。飛島灯台の立つ高森山は樹林の中で展望はゼロ。海抜68mは標石のない標高点だった。尾根上の車道には数カ所、左右に道標が行先を示すが、道は怪しげだ。広く緩い車道をのんびりと勝浦の民宿へ下った。

酒田から広がる山の世界

翌朝は雨。午後の船で帰る予定だったが、計画

鼻戸崎展望台からは勝浦港から続く漁村風景が広がる。東には日本海を隔てた鳥海山を望めた

変更。酒田には昼過ぎに着き、旅館に予約済みだったので、思いがけず酒田のタウンウォッチングとなった。「みなと市場」でイワガキやラーメンを。ここで買った「糸より玉露」は冷茶ですばらしくうまい。京都のお茶屋さんで、北前船の効用を実感した。妻に引かれて本間美術館、山居(さんきょ)倉庫などを見学。この日泊まった若葉旅館、翌日のランチで寄った鮨店の、レベルとコスパの高さに驚いた。

2019年2月。鮨とお茶に引かれてまた酒田。胎蔵(たいぞう)山、経(きょう)ヶ蔵(くら)山、藤倉(ふじくら)山など雪の低山が建前だが、降雪激しく登山口の確認だけで、またも街なか観光に。夜は伝説のバーテンダー井山計一(いやまけいいち)氏の「ケルン」で創作カクテル「雪国」を。降りしきる雪のなか、夕食は寿司割烹の「鈴政」へ。鮨とは縁の薄い私だが、これまでのイメージをくつがえす味の存在感に感動。酒田周辺の山々への、強すぎるほどの後押しとなった。

飛島は山と無縁だったが、未知のおもしろスポットが興味深い。不思議満載の飛島と味満載の酒田の山々に、ますます引きつけられるのだった。

飛島

登山適期 5〜10月

鳥海山を後に船は飛島へ。感傷的気分も船旅らしさだ

参考コースタイム

［徒歩で島一周］計4時間

とびしまマリンプラザ（55分）鼻戸崎展望台（45分）法木集落北端（1時間5分）荒崎（55分）館岩基部〈展望台往復10分〉（10分）とびしまマリンプラザ

［レンタサイクルで島縦走］計1時間20分

マリンプラザ（45分）高森山・灯台（35分）マリンプラザ

アドバイス

登り下りはほとんどないが、島一周の心はハイグレード・ハイキング。先の不明な薮岩稜の登降と、緊張感はたまらない。エスケープルートは荒崎からの木道のみで、これを行くと好展望の柏木山へ行かれると最近知った。未知の味、景観が多く、再訪したい。

アクセス

酒田港から勝浦港へ定期船で。酒田港に駐車場あり（無料）。島内は徒歩または無料レンタサイクルで移動。

問合せ先

酒田市交流観光課（宿泊など）
TEL0234-26-5759
酒田市定期航路事業所（定期船）
TEL0234-22-3911

立ち寄り情報

ケルン［バー］

酒田市街のバー。90歳超えの伝説のバーテンダーが作るカクテル「雪国」を。

▶ 山形県酒田市中町2-4-20
▶ TEL0234-23-0128

鈴政［寿司割烹］

酒田市街の鮨店。ここの鮨を食べるために酒田周辺の山へ行きたくなる。

▶ 山形県酒田市日吉町1-6-18
▶ TEL0234-22-2872

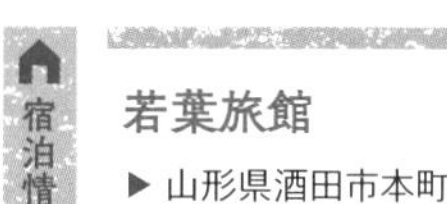

宿泊情報

若葉旅館

▶ 山形県酒田市本町2-3-9
▶ TEL0234-24-8111

鈴政は東京・麹町にも支店がある

飛島
二俣島
八幡崎
巨岩の間を行く
八幡神社登り口
八幡神社
砲弾型の岩峰
法木北端
防波堤の切れ目から
浜へ出る
八幡崎展望台登り口
しかし道なし
鳥海山を眺める
法木
水際を回り込む岩場
1:05
高森神社
灯台
0:45
漂着ゴミが
たくさん
山形県
酒田市
高森山
68m
ヘリポート
荒崎越しに
御積島を見る
鼻戸崎入口
巨木の森入口
巨木の森
藻の上を歩く
タブの木が
多い
階段あるが
その上は薮
灯台
グランド入口
0:45
荒崎ベンチ
花の看板
境 標石
飛島
飛島自然環境保全林
の看板
鼻戸崎
寺島
荒崎
明瞭な道はない
荒島
中村
戸ヶ崎
木道が
島内へ延びる
0:55
海から目立つ
アンテナ
鼻戸崎展望台
鳥海山の展望
勝浦、中村集落を
見下ろす
大きな
玉石が集まる
0:35
日本海
勝浦
烏帽子群島
御積島、
0:55
南灯台
START GOAL
とびしまマリンプラザ
西村食堂前にレンタサイクル
貸出所(無料)
飛島漁港
明神の社
ローソク岩
館岩
0:10
柏木山
蛭子前崎
賽の河原
小さな丸石が
ギッシリ
館岩展望台
木段
0:05
0:45 は
自転車のコースとタイム
岩間を縫う
遊歩道
飛島大橋
百合島
館岩基部
N
0
1:20,000
500m
2万5000分ノ1地形図
飛島(十里塚分図)
酒田

佐渡島の山へ

妙見山・金剛山・ドンデン山・金北山

佐渡はデカい。全体を一覧したいが20万分ノ1地勢図でも2枚に分かれる。山の概観をつかむのに便利な5万分ノ1地形図では6枚にもなり、全体像の把握はできない。佐渡観光協会の「観光マップ 朱鷺のいる島 佐渡」と「大佐渡トレッキングマップ」が、佐渡の山歩きの強い味方となった。

大佐渡山地と小佐渡丘陵が南北に併走する佐渡島だが、山の情報は大佐渡ばかり。でも本州の山々を眺めるなら、より近い小佐渡のほうがよいのではないか。そしてマイナーなほうへ目の向く私。小佐渡には、尾根上や尾根を越える車道が多く、手軽な展望箇所もあちこちに。しかしこの年は3月を過ぎて大量の降雪があり、小佐渡の道路は通行不能箇所だらけ。大佐渡に絞ることとした。粟島、飛島と日本海の島旅を楽しんだ私だが、佐渡は初めて。2島にはない山らしい山を貪欲に楽しもうと5泊のプランを立てた。初日は小佐渡への未練から南部の宿根木泊。金山観光がてらの妙見山、金剛山、ドンデン山、金北山と、登る予定は4山だ。これらも残雪はあるだろう。島内での移動と車中泊も考え、新潟港からマイカーをフェリーに載せた。

佐渡島全図

外海府
内海府
金剛山
大佐渡山地
(尻立山)
ドンデン山
金北山
両津湾
新潟
両津
妙見山
加茂湖
佐渡金山
350
相川
国中平野
新潟県
佐渡市
真野湾
小佐渡丘陵
日本海
小木
宿根木
N
1:378,000
0
10km
20万分ノ1地勢図
相川・長岡
直江津

妙見山

［新潟県］

短時間で佐渡の山のエッセンスを楽しむ

フェリーへの車載は初めてだが、あっけないほどスムーズに佐渡の玄関、両津に上陸。6時半ごろ家を出て15時10分着。今日は観光パンフレットで知った宿根木の、古民家一軒貸切の素泊まりだ。

ナビ任せで国道350号を走り、小木を経て宿根木へ。小木はかつて北前船の重要な寄港地で、近くの宿根木は、船大工など造船技術者や船主の集落だった。1haに100棟以上が密集し、車は通行不能。道の形に合わせた三角家が有名で、吉永小百合のポスターも撮ったとか。文化庁の重要伝統的建造物群保存地区に指定されたそのなかの一棟「伊三郎」が今夜の宿。北前船船頭の住居だったそうで、一日一組限定で宿泊できる。素朴な船板張りの外観だが、内装は漆塗りが多用され、文化の香り高い豪華さにあふれていた。しかし、宿根木には商店も食堂もなく、途中で買った菓子パンなどが、宿と対照的な貧しい夕食となった。

2018年4月27日。昨日の国道を戻り、相川から大佐渡スカイラインへ。佐渡金山の遺跡をいくつか眺め、金山の象徴「道遊の割戸」も見物。三角形の山が頂上から真っ二つに割れ、こんな光景は西上州で見慣れているが、金を掘るため人力で削ったとのこと。「史跡 佐渡金山」の「宗太夫坑」は見応えがあった。江戸時代初期に手作業で採掘された坑道跡をそのまま使った見学コースには、72体の人形がリアルに動く。排水作業で顔を上げた水替人足と目が合い、うろたえた。

金山前の大佐渡スカイラインは、上るにつれて上空が開けてくる。佐渡島は太古の火山活動、堆積と隆起で生成されたといわれ、強風と低温のために森林限界の低い部分が多い。ブナやナラがまばらになると、車道脇の林床が華やかだ。車を降りればカタクリ、アズマイチゲ、フキノトウ、キクザキイチゲの大乱舞。まだ歩いてもいないのに。

交流センター「白雲台」に車を止め、妙見山へ向かう。妙見山は金北山からの尾根続きだが、縦走してくる登山者は通過し、登る人が意外に少ない山。縦走路は防衛省管理道路で、妙見山の山腹を巻いて白雲台に出てしまうからだ。しかし登山口も登山道も明瞭。雪が消えた疎林の林床にはカタクリが畑のように続き、「おしん林」と道標の立つブナの純林に入る。次第に雪が現われ、尾根から左山腹へ道が移ると広い雪の急斜面に出た。道は山腹をトラバースしているようだが、妻はこんなところは苦手だ。山頂は間近と判断し雪斜面を直登した。短時間だからとストックを持ってこなかったが、なかなかの急登で妻は四つん這い。真野湾をバックの雪斜面から薮へ突入する。クマザサと灌木薮をもがき登るとフェンス沿いの登山道に出た。妙見山頂上はじきだった。

白く巨大な防衛施設がフェンス越しに立つ妙見山は、石碑が祭られるシバクサの山頂だ。金北山を北に、両津湾、真野湾を一望にし、ひと休み。帰りは往路と分かれ西へ「ツツジひらへ」の道標に従った。こちらは樹林の登りと一転して、わずかな草が地面に張り付く岩屑地。島の生成と強風低温を実感した。展望はよいが広い尾根上に踏み跡は乱れ、道はわかりにくい。ピンクテープに助けられ、「金北山道」の古い石標に出合ってひと安心。車道をのんびりと白雲台に下った。

大佐渡スカイラインを南へ下り、両津の街へ。今日の宿は市街地図で見つけた、街なかの「ゆたかや旅館」だ。創作和食の料理は美しくおいしく、われわれにピッタリの量で、お値段以上にハイレベル。次の間付きの部屋食で、その名のとおりの「ゆたか」を満喫。佐渡の印象は飛躍した。

［新潟県］

金剛山

花に酔い、残雪と薮に苦闘した大展望の霊山

結果的に金剛山は、今回最もキツい山だった。当初の計画は和木から林道を車で稜線の和木登山口まで上り、檀特山、雪畑山、金剛山を往復するつもり。檀特山、金剛山は明後日登る金北山とともに修験道の三山駆け行場だったそうで、ズルして三山に立てる。大佐渡石名天然杉遊歩道に寄り道し、多雪と強風、特有の雲霧で造作された奇形の天然杉も見物できそうだ。しかしこの時季、まだ和木からの林道は雪に埋もれていた。

２０１８年4月28日。内海府に沿った県道45号を北へ。白瀬橋手前に立つ「金剛山登山口まで２km」の道標が心強い。白瀬川沿いの車道からは、南面に三角形の雪田を配した金剛山。３台ほどの駐車場が白瀬登山口で、堅牢な橋を渡って登山道へ。じき出た沢には「沢筋を３００mほど歩きます」との表示だが、そのイメージとは大きく違う。１mくらいの沢床いっぱいに水は流れ、左右のわずかな土や沢中の石を飛び歩く。しょっぱなの試練に意表を突かれた。確かに３００mほどで沢を這い出ると、しっかりした登山道となった。ボブスレーコースのように中央がえぐれ、グチャグチャなところもあるが、芽吹きはじめた鮮緑の木立が心なごませる。エンレイソウ、イワカガミ、チゴユリなどが出迎えた。かつてトキの生息地だったタン平へ送水していたという「タン平水路」を通過するが、水路の形跡は不明瞭だ。カタクリや

ニリンソウが現われるとトビガ沢で、渡った先で小休止。宿のお茶菓子のどら焼きがうまかった。

道が沢から離れると、オオミスミソウ、シラネアオイ、ヒトリシズカなどが次々と。木立越しに雪畑山方面の稜線を遠く望み、カタクリ、キクザキイチゲなど花にあふれる新緑の尾根を行くと残雪が現われた。が、これは序の口。ひと登りで着いた組上（くみあげ）は、陽光燦々の芝生の広場。ほっと一息だが、間近に見上げる金剛山は残雪ベッタリ。林道から見上げた三角雪田は雪壁状の急斜面だ。

樹林の尾根道はさすがにもうグチャグチャではないが、残雪は道形を隠している。目印のピンクテープを追う急登ひとしきりで出た平坦地は金剛平（だいら）。目前には三角雪田が立ちはだかる。ピンクテープはいつしか見失ったが、右手の尾根が登りやすそう。妻はアイゼンをつけた。灌木がまばらに突き出す雪の急斜面からは、背後に日本海と小佐渡丘陵が。傾斜は緩んだが、すぐ上の尾根は藪が激しい。地形図の登山道は南面を巻いて山頂に出ているので、早くに尾根へ出ると藪と苦闘することとなる。残雪の北面をトラバースしたが、これはこれで、突き出す木々をまたいだりくぐったり。ズボッと踏み抜くこともしばしばで難行苦行。ここぞ、と見当をつけて灌木藪をこぐこと数分。赤い鳥居に抜け出ると、山頂はすぐそこだった。

中央にお堂の置かれる金剛山は三六〇度の展望峰。北から西へ、和木山から金北山へと残雪たっぷりの山並みが広がった。北の山稜奥にはなだらかな金字形の雪畑山。檀特山は和木山の陰のようだ。山頂には「アリに注意。休憩不可」の表示があったが、季節が進むとアリが厄介なのだろうか。

帰りは南面へ、ほぼ地形図どおりの登山道を下る。山腹道にはオオミスミソウが爆発的だ。ユキワリソウとも呼ばれるこの花は、白、ピンク、赤紫、青紫と彩り多様。しかしこの花天国も、じき残雪に埋もれ、読図とＧＰＳで往路に戻った。

8時間半の行動時間は久々だったが、変化に富んだ行程のせいか、あまり疲れは感じない。地元で人気のイタリアンレストランで夕食を済ませ、車中泊予定のアオネバ登山口駐車場へと向かった。

ドンデン山

［新潟県］

花、花、花の渓谷道から大展望の山頂へ

佐渡は花がスゴいと聞いた。種類も量も本州の比ではないと。なかでも短時間で花を満喫できるのがアオネバ渓谷で、当然、登山者たちの人気の的。登山口駐車場の満車の懸念と宿代節約で、車中泊とした。駐車場で泊まってアオネバ渓谷を遡行し、ドンデン山の展望を楽しみ、ドンデン山荘から季節運行のドンデンライナーで駐車場に戻る、というのが今日のプラン。登山口にトイレがあることも車中泊の好条件だった。

2018年4月29日。明瞭な登山道は小沢をいくつか渡り、イワカガミを眺めて緩い尾根上へ。さっそくお出ましのシラネアオイやヒトリシズカを見ると、シダの原にニリンソウが広がった。緑の野に無数のホタルが飛び交うようだ。タマアジサイを眺め、滝の中段状の広い沢を渡ると沢沿い道にはシラネアオイが続々と。淡いピンクや薄紫の、4枚の花びらに見えるのはガクだそうだが、その真ん中に和菓子のような黄色い雄しべ雌しべを乗せた、大型で目を引く花だ。関東の日光白根（にっこうしらね）山に多いことから名付けられたというが、会津や越後など日本海寄りの山ではしばしば見られる。しかし見つけると大喜びする少なさで、日光白根山ではシカの食害対策をはじめ、しっかりと保護管理がされる花だ。二俣の右俣を渡ると「落合」の道標が立ち、小休止の好適地。

シラネアオイは延々と続き、オオミスミソウや

キクザキイチゲも現われる。佐渡にこれほど花が豊富なのは、地質や気温、湿度などの生育要件に加え、クマやシカ、イノシシなど花を食べる大型獣がいないからだそう。シラネアオイの間を縫って登ると道標の立つユブの小平地で、一息入れた。

　この先でカタクリも姿を現わし、赤紫のラッパを束ねたようなエゾエンゴサクも。沢源頭状の二俣を右岸に渡りキクザキイチゲ、ミヤマカタバミを眺めると、アオネバの語源である青い粘土が沢脇に。アオネバ渓谷とは愛称で、両津湾に流下する梅津川の源頭部だ。エンレイソウを眺め、残雪が現われると数分で稜線のアオネバ十字路に着いた。左は金北山への縦走路だ。

　右へ雪の斜面に目印テープを追うと車道に出る。とはいえ、広い雪の斜面が左右に長く延びているだけ。地図と磁石で左へ進むと雪に埋もれた作業道が右に上っている。道標はないが、それに入ると小規模ながらカタクリみっしりの群落が。佐渡のカタクリは葉に斑がないと聞いていたが、なるほど、斑入りを見慣れた目にはのっぺりした印象だ。平坦な道が開けると穏やかな起伏が広がり、赤い屋根の避難小屋はしゃれたアクセント。道脇の湿原には白く鋭い花びらのアマナが大群落。この広く緩やかな起伏には「放牧牛注意」の看板が立ち、牧草地でもあるのだ。牛が食べることで芝草原が保持されているという。稜線に出たところは椿越峠で、椿集落への道が海へと下っていた。北へ金剛山への縦走路を分け、南へ岩屑の尾根をひと登りでドンデン山最高点の尻立山だ。

　ドンデンの山名は「鈍巓」からきているそうで、いかにもそのとおり。しかしドンデンという山頂はなく、ドンデン高原、タダラ峰と同様に一帯の呼称だ。南へ延びる尾根の果てには金北山が、1000mちょいと思えぬ威容をそばだて、北には金剛山や雪畑山への尾根筋が手招くようだ。ドンデン山荘はすぐ下で、ライナーバスの時間には余裕たっぷり。今夜も宿はゆたかや旅館で、質素と豪華が代わり番この泊まりとなる。

　花に疎い私だが、この原稿書きで花の知識は幾分か深まった。

金北山

【新潟県】

ここも花いっぱいだった、3島の最高峰

金北山は佐渡島最高峰で標高1172m。粟島、飛島、佐渡島と並ぶなかで最も大きい佐渡は最後に訪れた。そして佐渡のなかで最も高い金北山も、島の山旅最後の訪れだ。

最高峰だけに人気も最高で、多くの登山者はドンデン山から金北山へ縦走し、妙見山をかすめて白雲台に抜ける。ツアー登山に好都合で、個人ならほぼ5月いっぱい運行の、ドンデン山、金北山のライナーバス利用となる。新潟から日帰りする人もいるようだ。しかしメジャールートに背を向けたくなる性格と残雪の多さから、縦走は却下。数あるコースのなかで、マイカー利用で登りやすそうと栗ヶ沢コースを選んだ。3日間一緒に歩いた妻はもう山はいいわと、定期バスで一人、島めぐり。私も一人で栗ヶ沢登山口へと車を進めた。

2018年4月30日。大佐渡スカイラインから林道丸つぶり線に入り、行く手に金北山が見えてくると終点が登山口。名前は栗ヶ沢だが、尾根上に約5台の駐車場。尾根道に入ると早々にチゴユリ、イワカガミ、シラネアオイが出迎える。気分よく進む尾根道は、いつしか下り始めて沢沿いとなった。右に明瞭な木橋が架かり、その先へ登る道が。沢沿いの下りは姫ヶ沢コースと思い、木橋を渡って目印テープを追った。登り着くと平坦な湿原で、盛りを過ぎたミズバショウの大展開。しかし踏み跡はかすかで乱れ、明瞭な登山道ではな

い。ミズバショウ見物の道だったのだ。戻って沢沿い道を下ると行く手に金北山が立ち上がる。左へ姫ヶ沢コースが下るT字路はじきで、右奥に「縦池清水」の道標が。石仏も置かれる水場だ。後で知ったのだが、この辺は登り道なのに沢沿いに下るので「さかさ川」と呼ばれるとか。50分のタイムロスだが、よい道となれば心は軽い。新緑の木立をひと登りで横山コースに合流した。

　えぐれ湿った道にカタクリやオオミスミソウを見るとじゅんさい池。灌漑池跡でジュンサイはもうないそうだが。ショウジョウバカマを眺めるとカタクリが乱舞する道となり、沢状の傍らには不動明王石像が祭られる。「はらい川」と古い道標が立ち、信仰の山であったことを思い出した。道は左へカーブすると尾根上となり、ブナ林が美しい。ますます激しいカタクリ街道を登るといきなり明るく、妙見山と二ノ岳の稜線が広がった。神子岩で、足元は急峻な岩屑地形だ。

　明瞭な尾根上となり、道端にはカタクリ、シラネアオイ、オオミスミソウの佐渡の花トリオ。両津湾を見下ろし天狗岩を過ぎると、樹間に金北山が近づく。意外に少ない残雪を踏むとドンデン山からの縦走路、主稜線だ。残雪を登りきったところが金北山頂上だが、防衛施設跡の汚いこと。すでにレーダー設備は妙見山に移り不要な廃墟だが、撤去にも多額のお金（＝税金）はかかる。廃墟に囲まれた金北山神社は肩身が狭そう。最高点だが標石のない標高点で、四囲の展望を確認した。

　最高峰だから残雪はいちばん多いだろうと、これまでのトレッキングシューズを冬靴に履き替えてきた。しかし登山道の日当たりはよく、残雪は少なかった。冬靴で雪以外のところを歩くのはつらく、靴の中で足が当たるところを道具屋で直してもらうことばかり考えながら往路を下る。妻とは宿で合流。貸切状態の路線バスで内海府、外海府と回り、海岸風景のすばらしさに感激していた。

　越後の山々から眺めて気になっていた、日本海の3つの島だが、逆に島から確認できた本州の山は少ない。遠望の利く日に島から曾遊の山々を指呼できる僥倖を、待ち望むこととなった。

佐渡島
（妙見山・金剛山・ドンデン山・金北山）

登山適期
4月下旬〜10月下旬

アクセス
新潟港から佐渡汽船のカーフェリーまたはジェットフォイルで佐渡・両津港へ。島内はマイカーまたはレンタカーで移動。タクシーは新潟交通佐渡タクシーが山に対応。各登山口には駐車場あり（無料）。

問合せ先
佐渡トレッキング協議会（山情報）
TEL0259-23-4472
佐渡観光交流機構（佐渡の全体、宿など）
TEL0259-27-5000
佐渡汽船新潟港TEL025-245-6122
新潟交通佐渡（バス）
TEL0259-52-5164
新潟交通佐渡 タクシー部
TEL0259-57-5123

宿泊情報

ゆたかや旅館
地元山岳会も御用達の、若夫婦による誠意と安心の宿。
▶ 新潟県佐渡市両津夷新47
▶ TEL0259-27-2242

妙見山

参考コースタイム
計1時間40分
白雲台駐車場（55分）妙見山（30分）車道（15分）白雲台駐車場

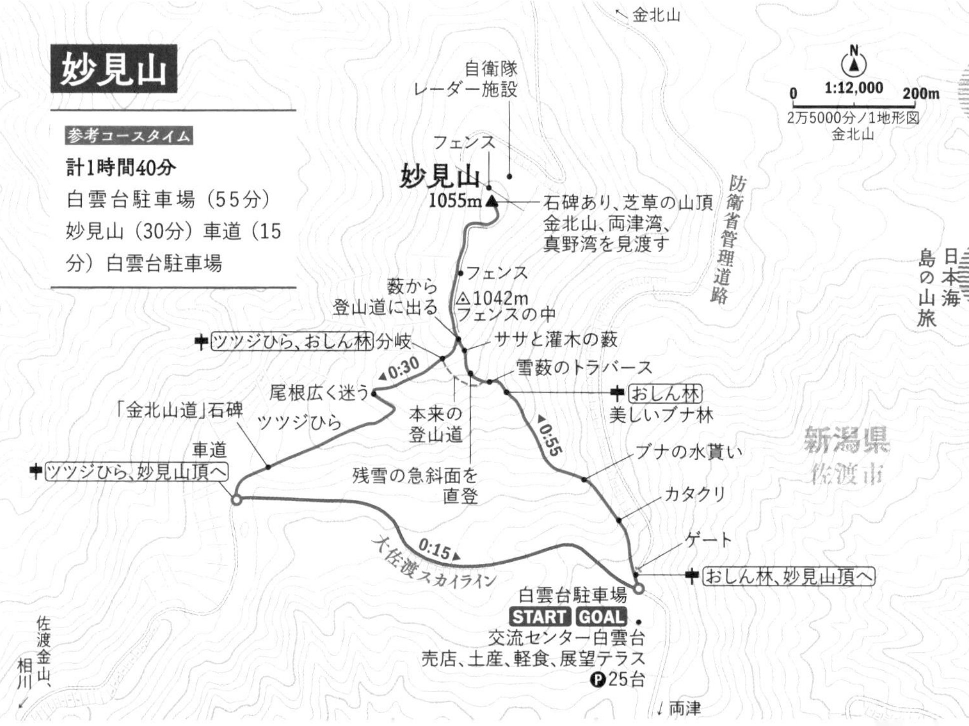

↖金北山
自衛隊
レーダー施設
N
0 1:12,000 200m
2万5000分ノ1地形図
金北山
フェンス
妙見山
1055m
石碑あり、芝草の山頂
金北山、両津湾、
真野湾を見渡す
防衛省管理道路
フェンス
薮から
登山道に出る
△1042m
フェンスの中
ツツジひら、おしん林分岐
ササと灌木の薮
0:30
雪薮のトラバース
尾根広く迷う
おしん林
美しいブナ林
本来の
登山道
「金北山道」石碑
ツツジひら
0:55
新潟県
佐渡市
車道
ブナの水貰い
ツツジひら、妙見山頂へ
残雪の急斜面を
直登
カタクリ
ゲート
0:15
大佐渡スカイライン
おしん林、妙見山頂へ
白雲台駐車場
START GOAL
交流センター白雲台
売店、土産、軽食、展望テラス
P25台
佐渡金山、相川↙
↓両津

佐渡のカタクリは葉に斑がない

参考コースタイム

計7時間35分

白瀬登山口（45分）タン平水路（25分）トビガ沢（1時間20分）組上（1時間50分）金剛山（1時間10分）組上（1時間）トビガ沢（25分）タン平水路（40分）白瀬登山口

ドンデン山

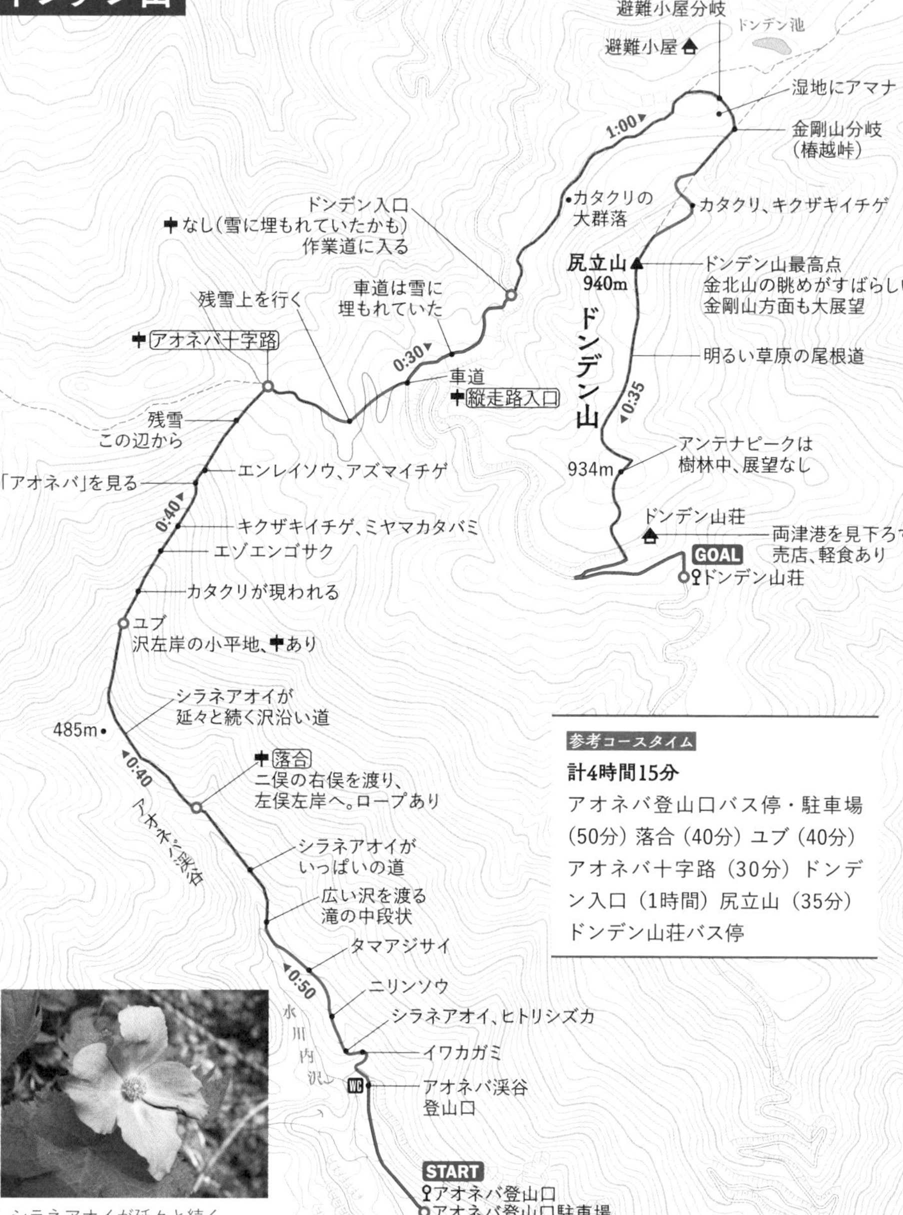

参考コースタイム

計4時間15分

アオネバ登山口バス停・駐車場（50分）落合（40分）ユブ（40分）アオネバ十字路（30分）ドンデン入口（1時間）尻立山（35分）ドンデン山荘バス停

シラネアオイが延々と続く

N

0 1:16,000 200m

2万5000分ノ1地形図
両津北部

金北山

↖ドンデン山、金剛山

N
0 1:23,000 500m
2万5000分ノ1地形図
相川・金北山
両津・両津北部

縦走路に出る

ほぼ全周の大展望。
廃墟となったレーダー施設と
金北山神社が山頂を占める

金北山
1172m

帰りは両津、真野湾を見下して下る

残雪の尾根道

↓
妙見山

カタクリ群落と残雪が交互に現われる

0:40▶
◀1:10

山頂を望む

新潟県
佐渡市

天狗岩

両津港方面の
展望が広がる

神子岩
明るく開け、妙見山、二ノ岳の展望が広がる

849m

「カタクリ街道」と呼びたい

0:20▶
◀0:30

はらい川
不動明王像あり、湿地

沢沿いとなる

ブナ林の脇を登る

じゅんさい池

0:25▶
◀0:40

ショウジョウバカマ

オオミスミソウ

カタクリ、この辺から上

シラネアオイ、
ヒトリシズカ

横山登山道合流点

0:20▶
◀0:25

横山コース

オオミスミソウもそこここに

沢口登山口

姫ヶ沢登山口

縦池清水㊌、石仏あり、
✚の立つ明瞭なT字路

姫ヶ沢コース

沢に木橋が架かるが
渡らず直進

道が沢状となる（さかさ川）

0:20▶
◀0:30

シラネアオイ、この辺から上

チゴユリ、イワカガミ

新保川

栗ヶ沢登山口 Ⓟ5台
START GOAL

林道丸つぶり線

行く手に金北山を見上げる

両津、
大佐渡スカイライン↓

参考コースタイム

計5時間20分

栗ヶ沢登山口（30分）縦池清水（25分）横山登山道合流点（40分）はらい川（30分）神子岩（1時間10分）金北山（40分）神子岩（20分）はらい川（25分）横山登山道合流点（20分）縦池清水（20分）栗ヶ沢登山口

あとがき

深田久弥さんの世界へ

私は深田久弥さんのファンである。と言ったら、意外に思う方がいらっしゃるかもしれない。しかし失礼ながらそれは認識不足。

「この頃はどこの山へ行っても人混みでうるさい。誰も行かないような山を探して登るのが、三人の一致した趣味であった。」〈御座（おぐら）山〉

「今日は秋晴れの日曜、八ヶ岳や谷川岳など流行の山はさぞ混んでいることだろう。それに引きかえ、（中略）山は完全に私たち三人のものだった。」〈御座山〉

「流行の山は嫌いである。雑踏の都会を逃れて雑踏の山へ。そんな趣味があるかもしれないが、私は御免である。」〈皇海（すかい）山〉

深田さんといえば『日本百名山』。お嫌いな「流行の山」を100も生んだ張本人といえそうだが、作品をどう活用するかはご本人の責任外だ。前掲は『わが愛する山々』（ヤマケイ文庫）の引用だが、これら深田語録には、うんうんと膝を打つことしきり。「打田は人の知らない山ばかり行くから、遭難したら発見されない」とからかわれていた私への応援でもあった。

「私は山を飛脚的に登り降りするのを好まない。そんな強行の体力にも欠けている。」〈武尊山〉には大いに勇気づけられ、「山は一度で登ってしまうよりも、何度か登りそこねたあげく、その頂上に立った方が、はるかに心持が深い。」〈雨飾山〉は、負け惜しみを正当化してくれる強い味方であった。

深田さんの山は、泊まりでも、当時としてはハイグレード・ハイキングであったと思う。現在、日本全国無数の山の情報が手に入りやすくなったのは、深田さんのころより恵まれた一面だ。そんな利点を生かし、「薮岩魂」から「寂名山」へとトーンダウンしつつも、深田久弥さんの世界をいっそう広げていきたいと、願っている。

本文・写真・地図作成
打田鍈一
デザイン
朝倉久美子
題字
成冨チトセ
写真［カバー・各トビラ・32ページ］
田渕睦深
写真［145ページ］
原田 豊
地図製作
アトリエ・プラン
本文DTP
ベイス
校正
中井しのぶ
編集
松本理恵（山と溪谷社）

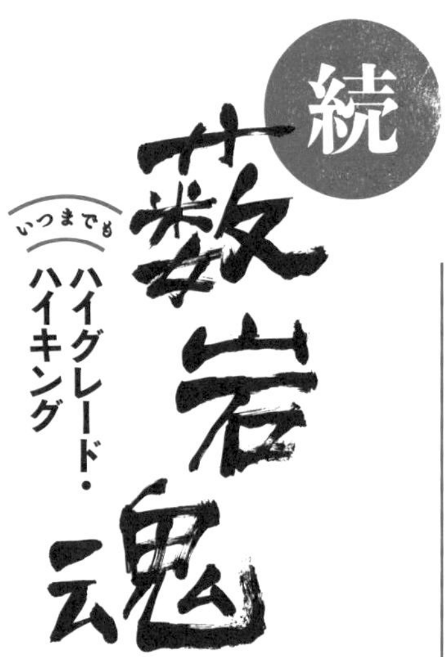

2020年10月1日　初版第1刷発行

発行人　川崎深雪
発行所　株式会社 山と溪谷社
〒101-0051
東京都千代田区
神田神保町1丁目105番地
https://www.yamakei.co.jp/
印刷・製本　大日本印刷株式会社

■乱丁・落丁のお問合せ先
山と溪谷社自動応答サービス
TEL03-6837-5018
受付時間／10:00 - 12:00、13:00 - 17:30
（土日、祝日を除く）
■内容に関するお問合せ先
山と溪谷社
TEL03-6744-1900（代表）
■書店・取次様からのお問合せ先
山と溪谷社受注センター
TEL03-6744-1919　Fax03-6744-1927
＊定価はカバーに表示してあります。

ISBN 978-4-635-04414-1